DIE GOLDENEN FÜHRER

AMSTERDAM

BONECHI
WORLD PUBLISHER

Distribution

Uitgeverij Cambium B.V.
Postbus 200
3890 AE ZEEWOLDE

email: info@cambium.nl
Tel. 0573-462991

Projekt und Konzeption: Casa Editrice Bonechi
Herausgeber: Monica Bonechi
Bildredaktion, Graphik, digitaler Umbruch und Textbearbeitung durch die Redaktion der Casa Editrice Bonechi
Umschlag: Laura Settesoldi
Zeichnungen und Plan auf S.102: Stefano Benini
Stadtplan: Casa Editrice Bonechi

Gedruckt in Italien.

Fotografien aus dem Archiv der Casa Editrice Bonechi, *mit Ausnahme von: S. 121 (Foto* Iwan Baan*), 122 (Foto* Denis Guzzo*):* EYE, the New Film Museum in Amsterdam *(mit freundlicher Genehmigung); S. 94 oben (Foto* Carlo Morucchio*), 125 (Foto* van der Meer Rene*):* © Marka*; S. 10 (*Lemcke*):* Nederlands Bureau voor Toerisme *(mit freundlicher Genehmigung); S. 82 oben links, 95-97:* Photo Service - Gruppo Editoriale Fabbri *(mit freundlicher Genehmigung); S. 82 Mitte, 90 unten, 91 unten, 92, 93:* Rijksmuseum Stichting *(mit freundlicher Genehmigung); S. 123 unten (Foto* Eddo Hartmann*):* Scheepvaartmuseum *(mit freundlicher Genehmigung); S. 88/89 unten (Foto* Ernst van Deursen*), 98, 99 (Fotos* John Lewis Marshall*):* Stedelijk Museum *(mit freundlicher Genehmigung).*

Der Verleger bittet um Verständnis für versehentlich nicht ausgewiesene Fotos und steht nach entsprechenden Hinweisen für berechtigte Ansprüche zur Verfügung.

ISBN 978-88-476-2773-4

* * *

Geschichtlicher Überblick

"Keine einzige römische Ruine, keine Hinterlassenschaften Karls des Großen, auch keine romanische Kirche, nicht einmal eine Kathedrale". Kurz und gut, nichts. Die Einleitung eines berühmten Buches über Amsterdam lässt keinen Zweifel: unter den großen Städten Europas ist Amsterdam die jüngste, ohne antike Vergangenheit, ohne ein Erbe, das weit in die Geschichte zurückführt. Dies leuchtet ein, wenn man weiß, dass die Stadt offiziell erst vor wenigen Jahren (1975) siebenhundert Jahre alt wurde. Die Bataver, ein legendäres Volk, das den Rhein entlangzog, um sich schließlich an der Mündung der Amstel anzusiedeln, hinterließen keine Spuren. Die Römer schenkten diesem ungesunden, sumpfigen und gefährlichen Überschwemmungen ausgesetzten Land keine Beachtung, und nicht einmal dem Heiligen Römischen Reich oder Karl dem Großen gelang es, eine sichere Kontrolle über diese nebligen Küsten auszuüben. Holland blieb in viele kleine Herrschaftsbereiche aufgeteilt: in Lehnsgüter, Herzogtümer, Grafschaften und Bistümer.

Und doch mag es gerade diese Armut an Geschichte gewesen sein, die Amsterdams Glück ausmachte. Die spätere Handelshauptstadt der westlichen Welt wuchs nämlich frei und unbelastet von Einschränkungen heran, geplant von intelligenten und unbefangenen Städtebauern, die im Dienste einer feinen und gebildeten Bürgerschaft standen. Amsterdam ist daher eine der wenigen Städte Europas, die nicht wechselnden Ambitionen eines Herrschers ausgesetzt war, sondern Stein auf Stein und Kanal nach Kanal von reichen und das Schöne bewundernden Kaufleuten aufgebaut wurde.

Der erste Kern Amsterdams entstand um das Jahr 1200, als sich die Waterlander, ein nordischer Stamm, auf der Suche nach sicherem und fruchtbarem Land an der Mündung der Amstel ansiedelten. Sie gründeten ein bescheidenes Dorf, das sich um eine auf einem

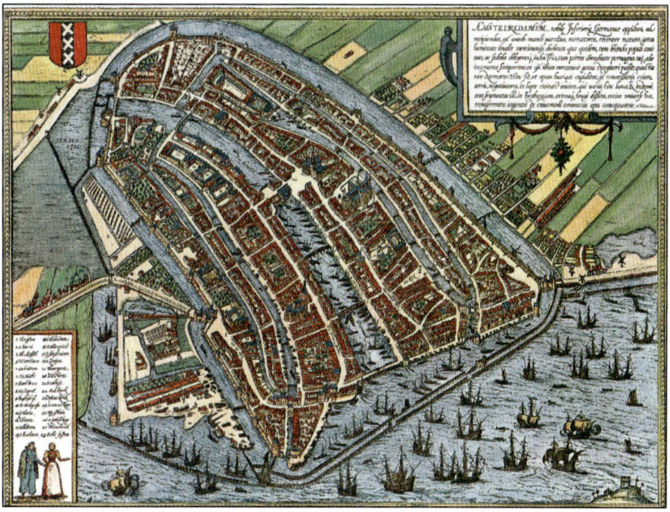

Damm gelegene Burg gruppierte. Dieser Damm trennte den IJ, einen breiten Arm der Zuiderzee, von der Amstel und schützte dadurch die Hütten der Waterländer vor Überschwemmungen. Der Damm erstreckte sich genau an der Stelle, an der später das Königliche Palais errichtet wurde.
Es war Floris V., einer der vielen Kleinfürsten, der diesem Dorf, das die Einwohner ohne viel Phantasie "Amstelledamme" (Damm der Amstel) getauft hatten, Aufmerksamkeit schenkte und ihm Zollfreiheit und das Recht auf freien Handel einräumte.
Kein Dekret hatte wohl jemals so günstige Folgen wie dieses, Floris V. wurde durch es wahrscheinlich zum unbewussten Initiator des wirtschaftlichen Wohlstandes im späteren Amsterdam. Die Fischer, die schnell die Kunst des Handelns gelernt hatten, taten ein übriges. Sie verfeinerten ihre Seefahrerkunst und begannen die Ozeane zu durchkreuzen. Sie gelangten bis nach Portugal, wo sie Salz einkauften und überquerten wegen des Holzes die Ostsee. An Einfallsreichtum mangelte es ihnen nicht, wie jener unbekannte Beukels bewies, der die Methode Heringe zu konservieren entdeckte, was nicht wenig zu seinem kaufmännischen Glück beitrug.
Auch international gesehen breitete sich Amsterdam aus, es trat zuerst der Hanse bei (1358), dann dem Kölner Bund (1367) und wurde dadurch allmählich zu einem Verkehrsknotenpunkt.
Auch das "Wunder von Amsterdam" war ein Glücksfall für die Stadt. Die Nachricht der ins Feuer geworfenen, jedoch unversehrt gebliebenen geweihten Hostie verbreitete sich nämlich in Windeseile und ließ Amsterdam zum Ziel unzähliger Pilgerzüge werden. Die kleine Kapelle auf der Kalverstraat, in der sich das Wunder ereignet haben soll, wurde auch von Kaiser Maximilian besucht, der sich der Stadt erkenntlich zeigte, indem er ihr das Recht zubilligte, in ihrem Wappen seine Krone zu führen.
Ungewöhnliches Glück, unbezweifelbare Tüchtigkeit und ein außergewöhnliches Beharrungsvermögen (aber auch die Fähigkeit, mit Katastrophen wie den Bränden von 1421 und 1452 fertigzuwerden, bei denen die Stadt bis auf die Grundmauern niederbrannte), das sind die Geheimisse des frühen Amsterdams, das 1551 bereits 30.000 Einwohner zählte. Schon im 16. Jh. gab es Anzeichen für das Nahen des "goldenen Jahrhunderts", der Blütezeit des 17. Jh. Amsterdam war eine Stadt, die eifersüchtig auf ihre Unabhängigkeit bedacht war, - während der spanischen Besetzung Hollands entwickelte sie sich zum Zufluchtsort für dieVerfolgten Europas (Portugiesische Juden, dem Gemetzel von Antwerpen entkommene Juden, Hugenotten und englische Dissenters). Auf diese Weise kamen viele Gebildete und geschickte Handwerker wie etwa die Diamantschleifer aus Antwerpen in die Stadt.
Es waren unruhige Zeiten in Europa. Im 16. Jh. loderten die blutigen Religionskriege zwischen den katholischen Inquisitoren und den Verfechtern der Reformation auf, Holland wurde wie so viele andere Länder zum Kriegsschauplatz. 1567 sandten die Spanier den grausamen Herzog von Alba aus, um die Protestanten zu vertreiben. Dem Terror der Inquisition widersetzten sich die Oranier mit Wilhelm dem Schweigsamen an der Spitze, dem Gründer der Dynastie, die noch heute die Königswürden der Niederlande innehat.
Während des Unabhängigkeitskrieges gegen die Spanier wechselte Amsterdam die Fronten. Obwohl mit den Spaniern verbündet, ergab sich die Stadt den Truppen der Oranier und schlug sich auf die Seite des Freiheitskampfes gegen die spanischen Besatzer. Gleich-

zeitig wurden auch im Jahre 1578 die bisherigen Regenten, die den Spaniern treu ergeben waren, verjagt und es kam eine neue Schicht an die Macht, bestehend aus Eingewanderten, Protestanten, Reformierten und Kaufleuten, die den Magistrat mit neuem Leben erfüllten und einen radikalen Wandel in der Stadt herbeiführten.
Ein Jahr später, 1579, gründeten die sieben protestantischen Provinzen nördlich des Rheins die Union von Utrecht und Amsterdam kehrte mit neuem Schwung zu seinen Geschäften zurück. Die Kaufmannsschicht übernahm nun endgültig die Führungsrolle, sie ließ Amsterdam zu einer Weltmacht werden.
Für die Amsterdamer Seefahrer schien die Erde keine Grenzen zu haben, es war die Blütezeit des Handels mit Tee, Kaffee, Tabak, Kakao, Gummi, Gewürzen und Diamanten. Daraus entstanden große Finanzgruppen wie z. B. die Bank von Amsterdam und es wurden so mächtige Handelsgesellschaften wie die allseits gefürchtete VOC, die Ostindische Kompanie (1612), die Nordhandelsgesellschaft (1614), die Osthandelsgesellschaft (1614) und vor allem die Westindische Kompanie (1621) gegründet. Es entstanden große Kolonialreiche (in Brasilien 1624-1654, vor allem aber in Ostasien) und es bildeten sich Monopole heraus (die VOC wurde zur stärksten Handelsorganisation der Welt). Unter ihrer Flagge kreuzten nicht weniger als 150 Handelsschiffe, eskortiert von 40 Kriegsschiffen mit 10.000 Mann Besatzung. In westlicher Richtung schickte man Henry Hudson aus, damit er einen Seeweg um Amerika herum nach China zu fände. Er kam zwar nicht zum Ziel, erforschte aber die Hudson-Bay und entdeckte die Insel Manhatten, die er als geeignet für die Gründung von Neu Amsterdam ansah, das sich später New York nennen sollte.
Die Holländer kannten keine Grenzen, sie waren die ersten Weißen, die in Australien landeten, - sie entdeckten Tasmanien und die Fidschi-Inseln. Auch waren die Amsterdamer Händler die einzigen, die selbst während der 200-jährigen Isolierung Japans mit diesem abgelegenen Inselreich verkehrten.
Amsterdam ist zu jener Zeit der größte Hafen der Welt und die Stadt breitet sich über den inneren Ring der Stadtmauer hinaus aus, wo die Städtebauer die Kanäle der Herengracht, der Keizergracht und der Prinsengracht anlegen. Amsterdam ist die Stadt großer Künstler wie Rembrandt oder Vermeer; die angewandten Wissenschaften erleben hier unerwartete Höhepunkte: Van Leeuwenhoek erfindet das Mikroskop, die medizinischen Vorlesungen Boerhaaves locken Studenten aus ganz Europa an, die Optik schafft Wunder und die Amsterdamer Diamantschleifer erlangen Weltruf.
Es ist das 17. Jh., das "goldene Jahrhundert" Amsterdams, welches einen nie gesehenen Glanz erreicht. Die Stadt wetteifert jetzt ganz offen (auch auf militärischem Gebiet) mit England, der damals größten Seemacht. Es ist eine spektakuläre Zeit, aber gerade die Machtprobe mit den Engländern erweist sich als zu gewagt für Amsterdam und als die Holländer die amerikanischen Rebellen in ihrem Kampf gegen England unterstützen, zögern die Engländer nicht lange, ihnen dies zu vergelten. Das Jahr 1780 läutet den Abstieg Amsterdams ein, als die napoleonischen Truppen beginnen Europa zu erobern, sparen sie auch Holland nicht aus. Napoleon besetzt die Niederlande, zerschlägt die Republik von Batavia (ein Ableger der französischen Revolution) und ernennt seinen Bruder Louis Bonaparte zum König von Holland.

Dies bleibt jedoch nur ein kurzes Zwischenspiel, 1813 ist Napoleons Stern schon am Untergehen und sein Bruder Louis muß bald den Thron verlassen, den wieder das Geschlecht der Oranier mit Wilhelm I. einnimmt. In dieser Zeit entstehen die Grundlagen für das moderne Holland, statt des Glanzes einer großen Seemacht und der mit Stolz erfüllenden Triumphe des "goldenen Jahrhunderts" beherrscht nun der tägliche Kampf um einen neu zu gründenden, soliden Wohlstand die Stadt. Amsterdam wird neu geplant, man saniert die Gettos und beginnt den Kampf gegen das Meer für weitere Landgewinnung. In kleinen Schritten verabschiedet sich Holland von der großen Politik und erlangt seine Neutralität. Es lässt sich nicht in den Ersten Weltkrieg verwickeln, hat aber unter dessen Folgen zu leiden, mit Weltwirtschaftskrise, Brennstoff- und Nahrungsmangel.

Die zwanziger Jahre bringen die aufsehenerregenden Erfolge in der Nordsee, durch den Bau des 30 km langen Afsluitdijk zwischen Nordholland und Friesland wird der Zuidersee zu einem Binnengewässer für die allmähliche Landgewinnung.

Dem Ansturm der Nazis im Zweiten Weltkrieg kann Holland nicht standhalten, 1940 besetzen Hitlers Truppen Amsterdam. Bald beginnt die Deportation der jüdischen Bevölkerung. Wenig können dagegen die mutigen Streiks der Amsterdamer Hafenarbeiter ausrichten, in den Jahren der deutschen Besatzung sterben 100.000 holländische Juden in den Konzentrationslagern der Nazis.

Am 5. Mai 1945 befreien kanadische Truppen die Stadt. Holland ist keine Großmacht mehr, aber ein kleiner Staat mit Zukunft und einem bedeutenden Erbe: der Toleranz. Amsterdam ist eine der freiesten Städte Europas. Hier entsteht mit den "Provos" die Avantgarde der 68er Bewegung und 1970 bringen die "Kabouter", die Partei der "Pimpfe", sogar fünf Vertreter in den Stadtrat. Tausende von Jugendlichen küren Amsterdam zu ihrer europäischen Hauptstadt, ihr Treffpunkt wird das Nationaldenkmal auf dem Dam.

In den folgenden Jahren beginnt die Stadtverwaltung damit, ihre Infrastruktur zu verbessern und die Stadt bürgerfreundlicher zu gestalten, unter allgemeinem Beifall. In Amsterdam werden große Baumaßnahmen in Angriff genommen, die die Stadt von Grund auf verändern, ohne sie jedoch zu verunstalten.

Auch wenn es nicht an Kritik fehlt und fehlen wird - wie könnte es anders sein - kommen viele Umbauten und Sanierungen zum Abschluss oder sind noch im Bau, ohne rücksichtslose Demolierungen zu verursachen.

Amsterdam ist in ständiger Veränderung begriffen, der Verkehr des Flughafens Schiphol, 1993 erneuert, nimmt ständig zu. Kürzlich errichtete, kühne Wolkenkratzer bestimmen inzwischen im südlichen Westen und Osten das Stadtbild, während das östliche Hafengebiet (der fünftgrößte Hafen Europas) zu einem exklusiven Wohngebiet umgestaltet worden ist. Dabei baute man ehemalige Fabrikanlagen aus. Viele dieser Baumaßnahmen im Hafen und im Westen sind noch nicht abgeschlossen.

Schließlich gelingt es auch, die U-Bahn fertigzustellen, dank neuer Technologien, die den Bau auch im sumpfigen Amsterdam ermöglichen. In einigen Jahren wird die Linie vollendet sein, die die Stadt von Norden nach Süden durchquert.

Verzeichnis der Rundgänge

Dam • Das Nationaldenkmal • Das Königliche Palais • Madame Tussaud Scenerama • Nieuwe Kerk • Westerkerk • Das Anne Frank-Haus • Jordaan • Noorderkerk • Ronde Lutherse Kerk

Das Anne Frank-Haus
•S. 20

Westerkerk
•S. 19

Nieuwe Kerk
•S. 16

Das Königliche Palais
•S. 12

Noorderkerk
•S. 25

Ronde Lutherse Kerk
•S. 27

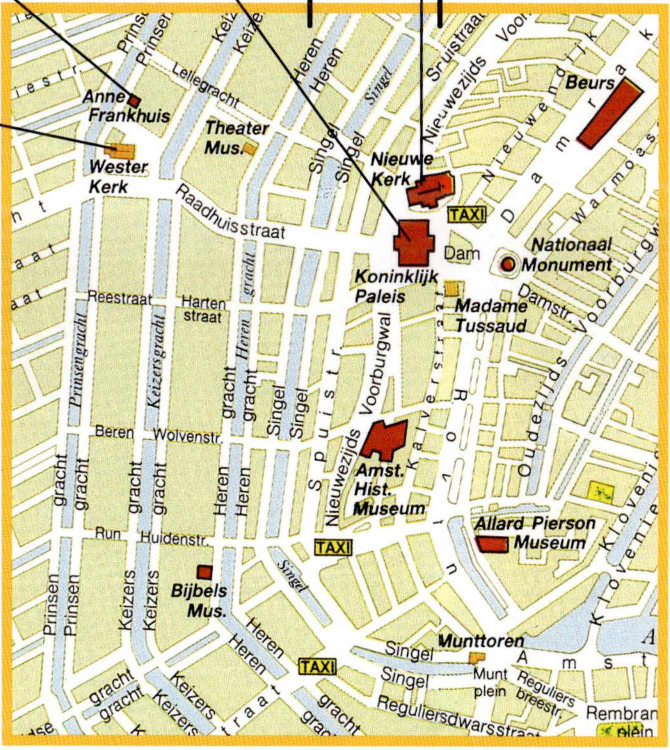

DAM

Dies ist der berühmteste Platz Hollands. Genau hier entstand um 1270 das Fischerdorf, aus dem die Stadt Amsterdam hervorging. Der Dam ist das ideale Zentrum der Stadt, auch wenn er nicht mehr deren geographisches und administratives Herz darstellt.

Die gesamten 60er Jahre hindurch galt er als Treffpunkt für Hippies und Provos aus ganz Europa. Auch heute noch wimmelt der Platz tagsüber von Jugendlichen und Leuten aus aller Welt. Sie sitzen meist auf den weißen Stufen des Nationaldenkmals, einem inzwischen schon fast geschichtlichen Treffpunkt. Durch den Dam hat die Stadt ihren Namen erhalten. An dieser Stelle errichteten die *Waterlander* den Damm, der die Amstel vom IJ, einem breiten Arm der Zuiderzee, trennte. Die Waterländer suchten neues, fruchtbares Land, das ihnen auch Schutz bieten konnte. Sie landeten an den sandigen Ufern der Amstelmündung und errichteten diesen ersten Damm, um sich gegen die Gezeiten des Meeres und die häufigen Überschwemmungen des Flusses zu schützen. Das Unternehmen stand unter einem glücklichen Stern, in kurzer Zeit entwickelte sich der Dam zu dem Ort, an dem die Gemeinde zu öffentlichen Zeremonien und allen wichtigen Ereignissen zusammentraf. Diese Angewohnheit hat sich bei den Bewohnern Amsterdams bis heute erhalten. Im Mittelalter war der Dam zum Meer hin offen. Von dort aus konnten die Schiffe direkt in die Nordsee auslaufen. Heute ist der letzte Teil der Amstel verschwunden, ihr Bett umgeleitet. Die aufgeschüttete Mündung verlief zwischen den beiden großen Verkehrsadern Damrak und Rokin, die den Dam in der Mitte durchschneiden.

Luftansicht der Platzanlage Dam.

Das Nationaldenkmal - Der Dam ist der traditionelle Ausgangspunkt für jede Erkundung Amsterdams. In der Mitte des Platzes erhebt sich das holländische Nationaldenkmal, ein weißer Obelisk, der nach dem Zweiten Weltkrieg als Mahnmal für die Kriegsopfer errichtet wurde. Ihn entwarf J. P. Oud, die *Skulpturen* schuf J. W. Raedecker. Die vier männlichen Figuren erinnern an die Schrecken des Krieges, während die Frau und das Kind den Frieden symbolisieren und die Männer mit den Hunden den Widerstand verkörpern. Auf der Rückseite des Obelisken befinden sich *zwölf Urnen,* von denen 11 jeweils eine Handvoll Erde aus den einzelnen holländischen Provinzen enthalten, die zwölfte hingegen ist mit Erde aus Indonesien gefüllt, der Kolonie des einst weiten holländischen Imperiums, die noch am längsten erhalten blieb. 1956 widmete Königin Juliana das Monument dem 4. Mai, dem holländischen Nationalfeiertag und seither kommen die holländischen Könige jedes Jahr an den Dam, die Gefallenen zu ehren. Abends um 8 Uhr werden an diesem Tag im ganzen Land zwei Gedenkminuten eingelegt.

Das Nationaldenkmal zu Ehren der Gefallenen des Zweiten Weltkriegs.

Das Haus zum Wilden Mann.

Der Dam ist der einzige Platz Amsterdams, an dem das einstige Streben nach Größe und eine königliche Selbstherrlichkeit ablesbar wären. Im Rücken des Obelisken steht gegenüber dem Grand Hotel Kransnapolski das schöne **Haus zum Wilden Mann** mit "De Gekroonde Wildeman", einem der ältesten Wirtshäuser der Stadt (1689).

DAS KÖNIGLICHE PALAIS

Das vor dem Nationaldenkmal stehende Königsschloss (Koninklijk Paleis, geöffnet von Mitte Juni bis Mitte September) beherrscht mit seiner mächtigen klassizistischen Fassade den Dam. Es wirkt nicht so sehr wie ein Amsterdamer Gebäude, sondern lässt die Absicht der Amsterdamer Stadtväter des 17. Jh. erkennen, einen dem Ansehen und Ruhm der damaligen Handelshauptstadt Europas gebührenden Rathauspalast zu errichten. Den Entwurf lieferte Jacob van Campen, der sich an der klassischen Architektur des antiken Roms inspirierte. 1640, d. h. nur acht Jahre später - nach erfolgreichem Abschluss des Krieges mit den Spaniern -, entschied man, das Projekt in Angriff zu nehmen. 1648 wurde der erste Stein gemauert, zehn Monate zuvor hatte man die 13.659 Pfähle, auf denen das ganze Gebäude ruht, in den sumpfigen Untergrund getrieben. 1655 konnte der erste Flügel des Amsterdamer Rathauses, den sieben Jahre später ein anderer Architekt, Daniël Stalpaert, fertigstellte, eingeweiht werden. Das Palais auf dem Dam war damals das größte und kostspieligste Rathaus Europas. Der holländi-

Das Königliche Palais.

Das Giebelfeld des Königlichen Palais' mit den allegorischen Skulpturen von Artus Quellijn.

Königliches Palais - der Bürgersaal.

sche Dichter Constantijn Huygens nannte es sogar das achte Weltwunder. Joost van den Vondel, der angesehenste Dichter Hollands, widmete ihm ein Gedicht mit 1378 Versen. Die besten Künstler des "goldenen Jahrhunderts", der Bildhauer Artus Quellijn und die beiden Rembrandtschüler Ferdinand Bol und Govert Flinck, gestalteten die prunkvolle Dekoration des Bauwerks. Über ein Jahrhundert lang diente das Palais als Rathaus. Erst 1808, als sich Louis Bonaparte, der Bruder Napoleons, zum König von Holland krönte, wurde es zum Königs-

schloss. Bonapartes Reich blieb sehr vergänglich, schon zwei Jahre später war er gezwungen wieder abzudanken, er hinterließ aber in den Sälen des Palais' eine der vollständigsten Sammlungen von Möbeln im Empirestil. Nach der Abdankung Bonapartes gab Wilhelm I., der neue König der Holländer, das Palais wieder an die Stadt zurück, aber die Stadtverwaltung Amsterdams konnte die enormen Kosten für die Instandhaltung des Gebäudes nicht aufbringen und so blieb Wilhelm dort als vorläufiger Gast wohnen. Seit 1936 ist das Königliche Palais in Staatsbesitz, doch die Königsfamilie benutzt es nur zu offiziellen Anlässen und zieht ansonsten die Residenz Huis ten Bosch am Rande Den Haags vor.

Das Innere - Das Palais strahlt den kaufmännischen Stolz des "goldenen Jahrhunderts" aus, der **Bürgersaal** ist das Herz des Gebäudes und einer der schönsten Regierungssäle Europas. Die *Jungfrau von Amsterdam* thront über einem in Marmor gemeißelten Planiglob (Weltkarte), Symbol für die unzähligen Länder, die die Holländer im 17. Jh. unermüdlich nach neuen Handelsmöglichkeiten absuchten. In diesem weiten Saal feierten auch die gegenwärtige Königin Beatrix und Prinz Claus von Amsberg 1966 ihre Hochzeit. Im **Saal der kleinen Geschäfte** lädt die *Statue des Apollo,* des Gottes der Sonne und der Musik, dazu ein, jedweden Streit auf heitere Weise zu lösen, während die strengen Reliefs der *Barmherzigkeit,* der *Weisheit* und der *Gerechtigkeit* die Besucher des **Schöffensaales**, wo sich die Richter zur Verhängung der Todesstrafe zusammenfanden, zur Rechtschaffenheit zu ermahnen scheinen.
Am Nieuwezijds Voorburgwal 182, auf der Rückseite des Palais', steht ein extravagantes Gebäude im holländischen Neorenaissancestil des späten 19. Jh., ein umstrittenes Werk von C.P. Peters. Früher diente es als Hauptpost, 1990 verwandelte man es dann in ein Einkaufszentrum, das sog. **Magna Plaza**.

Das Postkantoor, das Postgebäude, in dem heute das Magna Plaza seinen Sitz hat.

MADAME TUSSAUD SCENERAMA

Nur zehn Minuten vom Hauptbahnhof entfernt liegt am Dam über dem Kaufhaus Peek & Cloppenburg das Wachsfigurenkabinett, eines der vielen dieser Art, die es in der ganzen Welt gibt. Sie heißen nach der französischen Bildhauerin, die sich darauf spezialisiert hatte, die Köpfe der in der französischen Revolution guillotinierten Persönlichkeiten in Wachs nachzubilden.
Marie Tussaud eröffnete ihr erstes Museum 1836 in London und in den Werkstätten dort stellt man heute noch die Wachsmodelle nach ihren Vorschriften her.
Für jedes Modell werden hunderte von Fotografien aufgenommen und zahllose Maße ermittelt. Schließlich erhält die Figur eine Perücke mit echten Haaren. Oftmals stiften die berühmten Persönlichkeiten unserer Tage Kleidungsstücke und andere persönliche Gegenstände.
Das System audio-animatronic im Madame Tussaud Amsterdam ermöglicht es, Szenen aus dem Holland des "goldenen Jahrhunderts" beizuwohnen oder auf Rembrandt zu treffen, der gerade an seiner Staffelei arbeitet. Auch ist es für die Besucher sehr unterhaltsam, ein einem Gemälde Vermeers nachgestelltes "lebendes Bild" zu sehen oder sich von Angesicht zu Angesicht gegenüber einer berühmten Person aus der Politik oder dem Film zu finden.
Kinder lieben die Attraktionen von Scenerama sehr, auch wenn einige Darstellungen die Allerkleinsten beängstigen könnten.
Vom vierten Stockwerk des Gebäudes hat man einen schönen Ausblick auf den Dam.

NIEUWE KERK

Die Neue Kirche befindet sich neben dem Königlichen Palais am Dam. Um 1400 begann man mit den Bauarbeiten des Doms im Obstgarten des Hauses von Willem Eggert, einem reichen Bankier und Schatzmeister des Grafen Wilhelm VI. von Holland. Die Gründungsurkunde der Nieuwe Kerk wurde 1408 von Friedrich, dem Bischof von Utrecht unterzeichnet, der durch seine Unterschrift die Teilung Amsterdams in zwei Kirchenbezirke bestätigte. Die alte Diözese der Oude Kerk konnte sich nämlich nicht mehr allein um die ständig wachsende Stadtgemeinde kümmern. Ohne es zu wissen, schuf Friedrich eine jahrhundertelange Rivalität zwischen den beiden Gemeinden. Es begann ein endloser Wettstreit um die schönste, modernste und imposanteste Kirche, auch wenn es der Nieuwe Kerk aus finanziellen Gründen nie gelang, den höchsten Kirchturm der Stadt zu bauen. Die Nieuwe Kerk wurde durch die Brände von 1421 und 1452, die ganz Amsterdam zu zerstören drohten, schwer beschädigt. Mit den Restaurierungsarbeiten wurde sofort begonnen und nach dem zweiten Brand erhielt die Kirche ihr endgültiges spätgotisches Aussehen. Ein anderer Brand, den ein unachtsamer Handwerker verursachte, verwüstete die Kirche im Jahre 1645 nochmals. Jacob van Campen stellte die beschädigten Teile im Renaissancestil wieder her, so dass sie gerade rechtzeitig für die Dankesfeierlichkeiten des Westfälischen Friedens neu geweiht werden konnte. Heute ist die Nieuwe Kerk eine überdachte Erweiterung des Dams, in ihren Schiffen werden wie in allen protestantischen Kirchen Ausstellungen, Konferenzen, Kundgebungen und Diskussionen veranstaltet. Selbst ein Café ('t nieuwe café) befindet sich in einer Ecke der Kirche, direkt vom Dam aus zugänglich.

Das Innere - Die Kirche wird von 75 Fenstern erhellt, nur ein einziges besitzt noch die Originalscheiben, auf denen die Übergabe der städtischen Waffen an die Beamten dargestellt ist. Aber die wahren Schmuckstücke der Kirche sind die *Kanzel,* ein barockes Meisterwerk von Albert Vinckenbrinck und seinen Schülern und die von Van Campen entworfene *Orgel.* Für die Einlegearbeiten an der Kanzel benötigte Vinckenbrinck 13 Jahre. Auf ihnen sind die vier Evangelisten dargestellt, umgeben von den Allegorien für Hoffnung, Barmherzigkeit,

Zwei Ansichten der Nieuwe Kerk.

Nieuwe Kerk - zwei Innenansichten; die große vergoldete Orgel schuf Jacob van Campen.

Glaube, Gerechtigkeit, Klugheit und Stärke. In der Nieuwe Kerk liegen viele berühmte Holländer begraben, Helden wie der Admiral De Ruyter, der den Verletzungen erlag, die er sich in der Schlacht von Messina (1676) gegen die französische Flotte zuzog, ruhen in prunkvollen Mausoleen, während sich der größte holländische Dichter, Joost van den Vondel, mit einem bescheideneren Denkmal begnügen mußte. In der Nieuwe Kerk werden Hollands Könige gekrönt. Der erste war im Jahre 1814 Wilhelm I., die Prinzessin Juliana erhielt die Krone am 6. Semptember 1948 und ihre Tochter Beatrix wurde hier am 30. April 1980 gekrönt, nachdem die Kirche 22 Jahre lang sorgfältig restauriert worden war.

Geht man um die Nieuwe Kerk herum, so gelangt man in eine enge, aber prächtige Straße, die **Gravenstraat**.
Die Straße ist voll von kleinen, exklusiven Geschäften, jedes mit seiner eigenen, glorreichen Geschichte.
Zum Beispiel die **Nr. 18** "De Drie Flesjes" (Die drei Fläschchen), ein weltberühmtes Probierlokal, in dessen Originaleinrichtung aus dem 16. Jh. es möglich ist, den köstlichen *Jenever* oder holländischen Gin zu versuchen. Und in **Nr. 28** befindet sich die "Fromagerie Crignon", ein winziges Lokal, das eine nur auf Käse beruhende Küche bietet.

Die Westerkerk besitzt den höchsten Glockenturm von Amsterdam.

Überquert man den verkehrsreichen Nieuwezijds Voorburgwal (die "Stadtmauern des neuen Viertels"), einst die äußerste Stadtgrenze, so kommt man in die Raadhuisstraat, eine breite Straße, die das innere Kanalgeflecht durchschneidet und über die man in fünf Minuten die **Prinsengracht** auf der Höhe des **Westermarkts** und damit die Westgrenze der Altstadt erreicht.
Im Haus **Nr. 6** des Westermarkts lebte Descartes, einer der fruchtbarsten Denker, der über Amsterdam ein scharfes Urteil hinterließ: "Alle außer mir machen hier Geschäfte und denken einzig und allein an ihren Verdienst. Ich könnte hier ewig leben, ohne dass überhaupt jemand meine Existenz bemerken würde".

WESTERKERK

Der 85 m hohe Glockenturm (auch Langer Jan genannt) ist der höchste der Stadt und das geheiligte Wahrzeichen Amsterdams sowie der Westkirche. Die Kirche wurde von dem berühmten holländischen Architekten Hendrick de Keyser entworfen. Nach dem Sieg des Protestantismus nahm De Keyser im Rahmen eines ehrgeizigen Stadterweiterungsprogramms 1619 den Bau dieser Renaissance-Kirche mit bizarren gotischen Details in Angriff. De Keyser sollte die Vollendung seines Werkes aber nicht mehr erleben, erst sein Sohn Pieter und Cornelius Dancker stellten die Kirche fertig und bauten den Turm, der auf seiner Spitze eine Kugel mit der Kaiserkrone Maximilians von Österreich trägt. Der österreichische Herrscher gewährte Amsterdam 1489 seinen Schutz und das Recht, seine Abzeichen im Stadtwappen zu tragen.
Eine meisterhafte Restaurierung (1985-1990) hat dem Bauwerk den originalen Farbenglanz von Ziegeln und Steinen zurückgegeben.

Das Innere - Die Westerkerk wurde an einem glanzvollen Pfingstfest des Jahres 1631 eingeweiht. Ihr Grundriss hat die Form eines Doppelkreuzes, das von zwei Säulenreihen im toskanischen Stil unterteilt wird. Das **Hauptschiff** überdeckt ein Holzgewölbe, weil der sumpfige Untergrund Amsterdams die Verwendung schwererer Materialien nicht zuließ. Eine an einer Säule des Nordschiffes angebrachte Inschrift erinnert daran, dass Rembrandt in der Westerkerk begraben liegt.
Der Gedenkstein wurde 1906 anlässlich des 300.Todestages des berühmten Malers angebracht, tatsächlich weiß aber niemand genau, wo sich sein Grab befindet. Auch verschweigt die Inschrift, dass Rembrandt nur deshalb in der Westerkerk beigesetzt wurde, weil seiner Familie das Geld für eine seinem Ruhm angemessene Grabstätte fehlte.

Im Haus am Westermarkt 6 lebte der Philosoph Descartes.

Das Denkmal für die Homosexuellen in der Nähe der Westerkerk ist ein Werk von Karin Daan (1986). Es ehrt die Errinnerung all derer, die während des Nazismus wegen ihrer Sexualität verfolgt wurden.

Das Anne Frank-Haus, Ziel für Tausende von Touristen aus aller Welt.

Der Eingang zum Anne Frank-Haus.

DAS ANNE FRANK-HAUS

Neben der Westerkerk befindet sich eine kleine Statue, die das Mädchen Anne Frank darstellt. Ihr Haus befindet sich ganz in der Nähe, es ist das Haus Nr. 263 der Prinsengracht, das Ziel Tausender, die ihr Tagebuch kennen.
Das in dem Haus eingerichtete Museum ist ein ergreifendes Zeugnis und eine ständige Anklage gegen den Faschismus und die Nazizeit.
In diesem Haus versteckte sich Anne Frank vom Juli 1942 bis August 1944 gemeinsam mit ihren Eltern, der Schwester Margot, der Familie Van Pels und dem Herrn Pfeffer. Anne Franks Haus unterscheidet sich nicht von unzähligen anderen der Amsterdamer Altstadt. Es wurde 1653 von einem Kaufmann erbaut: enge, steile Treppen, der Raum in der Höhe ausgenutzt und ein durch einen Hof abgesetztes Hinterhaus. Der Preis eines Hauses wurde in Amsterdam aufgrund seiner Breite und des Streifens an Bürgersteig und Kanal, den es einnahm, berechnet. Deshalb wuchs das Haus der Anne Frank wie alle Häuser der Altstadt in die Höhe und nicht in die Breite. Otto Frank, der Va-

ter Annes, hatte 1940 seinen Kräuter- und Gewürzgroßhandel an der Prinsengracht eingerichtet. Die Franks waren aus Deutschland (Frankfurt) vor den Nazis geflüchtet und Otto Frank begriff sofort die Folgen, die die deutsche Besetzung Hollands für die Juden haben würde. Er begann deshalb das Hinterhaus zu einem Versteck auszubauen. Unterstützt von einigen Angestellten ihrer Firma tauchten die Franks und ihre Freunde im Juli 1942 unter. Zwei Stockwerke, winzige Zimmer und eine durch eine drehbare Bücherwand getarnte Mansarde waren der Zufluchtsort dieser kleinen jüdischen Gruppe.
1940 begann Anne ihr berühmtes Tagebuch (ein Geschenk zum dreizehnten Geburtstag) zu schreiben. Jeden Tag notierte sie die verzweifelten Freuden, die Ängste und die Hoffnungen dieser Handvoll Menschen, die jeden Tag auf der Landkarte das Vorrücken der in der Normandie gelandeten Alliierten verfolgten. Koophuis und Kraler, zwei

"Unsere geheime Wohnung ist jetzt zu einem regelrechten Versteck geworden."

21. August 1942

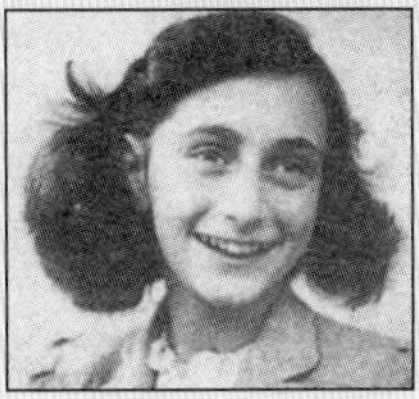

Angestellte der Franks und die zwei Sekretärinnen Miep und Elly brachten es fertig, die Franks mit Essen, Kleidung und Büchern zu versorgen.
Anne schrieb die letzte Seite ihres Tagebuchs am 1. August 1944. Am 4. August stürmten die Nazis, von Kollaborateuren informiert, das Haus und nahmen die beiden jüdischen Familien fest. Das Tagebuch blieb erhalten, weil ein deutscher Polizist die Blätter auf den Boden warf und sich dann nicht mehr darum kümmerte. Die Franks wurden nach Deutschland deportiert und endeten in Auschwitz. Fast alle kamen ums Leben, die Mutter starb an Auszehrung, Hermann van Pels in der Gaskammer, Fritz Pfeffer in Neuengamme, Anne und Margot starben zwei Monate vor Ende des Krieges in Bergen-Belsen an Typhus. Nur der Vater überlebte und wurde 1945 von den Russen in Auschwitz befreit.
Die alte Sekretärin Miep, die die verstreuten Blätter aufgesammelt hatte, übergab das Tagebuch dem Vater, als dieser nach Amsterdam zurückkehrte. Von Freunden dazu geraten, entschloss sich Otto Frank 1947 das Tagebuch der Tochter zu veröffentlichen, "Das Tagebuch der Anne Frank" erschütterte das Weltgewissen. Es wurde in 50 Sprachen übersetzt und in über 13 Millionen Exemplaren verkauft. Im Jahre 1957 drohte das Anne Frank-Haus abgerissen zu werden. Dies wurde aber von einigen Amsterdamer Bürgern verhindert, die sich zur Anne Frank-Stiftung zusammenschlossen und das Haus in ein Museum verwandelten.
Aber das Gebäude in der Prinsengracht ist viel mehr als ein einfaches Museum, im ersten Stock werden aktuelle Zeugnisse und Dokumentationen zu Neofaschismus, Rassendiskriminierung und Antisemitismus gesammelt.

JORDAAN

Dies ist heute das schönste Viertel Amsterdams, das, auch wenn es paradox klingen mag, zu Anfang des 16. Jh., als es entstand, ein überfülltes Elendsquartier war, in dem sich eine Baracke an die andere drängte. Hier wohnten die armen Handwerker und der Kontrast der dichtgehäuften Hütten zu den herrlichen Barockgebäuden der umliegenden Kanäle war krass. Es kam so weit, dass man zwei Kirchen in unmittelbarer Nähe zueinander bauen musste, damit die reichen Bürger der Prinsengracht nicht gezwungen waren, mit den armen Christen des Jordaan dieselbe Kirche zu besuchen. Der Jordaan wuchs wie gesagt als Elendsviertel heran, das einzige, das den Flüchtlingen verschiedenster Herkunft Unterkunft bot. Hier lebten auch jahrelang die französischen Hugenotten, die 1685 aus ihrem Land flohen, als Ludwig XIV. das Edikt von Nantes widerrufen hatte. Dieser legendären, aber traurigen Vergangenheit steht heute eine schillernde Boheme gegenüber, der Jordaan ist unter Künstlern, Jugendlichen und Intellektuellen ein beliebtes Modeviertel. Es ist das "Village" Amsterdams, das im Stolz auf seine eigene Geschichte herangewachsen ist und starke Anzeichen von "Unabhängigkeit" besitzt. Im Jordaan lebt man im Freien. Am Anfang waren es ganz einfach Notstände, die zu dieser Angewohnheit führten. Die Häuser waren klein, überfüllt und teils unbewohnbar. Deshalb suchten die Bewohner Platz und Ruhe auf der Straße, zwischen den Kanälen, in den zahlreichen Gasthäusern und Tavernen. Auch heute noch spielt sich das Leben im Jordaan draußen ab, die Atmosphäre ist ansteckend fröhlich und gesellig. Den Jordaan füllen kleine Geschäfte, Boutiquen und Handwerksläden, vor allem aber ist er das Reich der *bruine cafés* Amsterdams, der berühmten, vom Tabakrauch schwarzen Cafés. Im September füllen sich die Straßen des Jordaan wie in einem letzten Aufzucken des Sommers mit buntem Leben, dann steigt das Stadtteilfest. Das bedeutet zehn Tage ausgelassenes Feiern mit beleuchteten Straßen, Abendessen im Freien, Tänzen, Ausstellungen, Umzügen und dem Hangelwettbewerb über einen Kanal. Viele haben schon versucht, den Namen Jordaan zu erklären, die anerkannteste These besagt, dass der Name vom französichen

Häuser an der Egelantiersgracht.

"Jardin" (Garten) abgeleitet wurde. Diese etwas gezwungene Erklärung findet ihre Rechtfertigung in der Tatsache, dass es den Jordaanern gelang, trotz ihrer Armut rund um ihre Häuschen kleine Gärten anzulegen. Außerdem tragen alle Straßen und Kanäle des Viertels an Blüten inspirierte Namen: Lindenstraat, Rozengracht, Bloemgracht. Im Jordaan gibt es keine großen Baudenkmäler, die barocken Reichtümer des "anderen" Amsterdam sind weit entfernt und doch sollte man sich nicht täuschen lassen, denn im Jordaan wurden von den 8000 Häusern gut 800 unter Denkmalsschutz gestellt. Daher ist es ratsam, ziellos und unbekümmert durch seine Gässchen zu streifen, um den Reiz des schönsten Amsterdamer Stadtteils zu entdecken. Von dem Westermarkt führt eine Brücke über die Prinsengracht zur **Rozengracht**, in Wirklichkeit eine normale Straße, die den Jordaan in zwei Teile schneidet. Es ist die einzige überfüllte Straße des Viertels, vom Westteil der Stadt dient sie als Zubringer zum Zentrum. Man kann sie vernachlässigen (auch wenn am Haus **Nr. 184** eine Tafel an Rembrandt erinnert, der, als er verarmt war, dorthin zog und verstarb) und nach der Brücke, genau auf der Höhe eines herrlichen Ladens (**Nr. 180** der Prinsengracht, "Keijzer Koffie en Thee", hier seit 1839 ansässig), nach rechts abbiegen. Nach wenigen Metern sieht man auf der linken Seite einen Querkanal, die **Bloemgracht**, die früher als "Herrenkanal" des Jordaan bekannt war. Hier lebten die reichen Handwerker, daher stehen dort einige der schönsten Häuser. Die Spuren dieses relativen Wohlstandes sieht man heute noch und an diesem herrlichen Kanal findet man viele Sehenswürdigkeiten. Unter den Häusern der Bloemgracht fallen insbesondere ins Auge: das strenge Gebäude der Apostolischen Mission (**Nr. 98**), die Zwillingsgiebel von **Nr. 83-85**, die drei Giebel, die der Stiftung Hendrick de Keyser gehören, **Drei Hendrick**, mit der Jahreszahl 1645 (**Nr. 87-91**) und ein hübsches Haus (**Nr. 97**), das den Namen des Eigentümers an einem Schild über dem Eingang eingraviert trägt. Bald hat man mit der Lijnbaansgracht das westliche Ende des Jordaan erreicht. Hier geht man nach rechts und befindet sich nach wenigen Metern an der **Egelantiersgracht**, einem weiteren reizvollen Kanal. Dort

Keijzer Koffie en Thee an der Prinsengracht ist ein altes, malerisches Geschäft für Kaffee, Tee und Gewürze.

An der Bloemgracht - die Drei Hendrick und unten, das Haus Nr. 97.

sind die Häuser von **Nr. 215** bis **201** bemerkenswert, alle im selben Stil erbaut, sie gehörten derselben Familie, wie die Wappen am Giebel beweisen. Zwischen **Nr. 139** und **107** erstreckt sich ein Wohltätigkeitshospiz, der **Sint Andrieshof**. Bitten Sie um Erlaubnis einzutreten, der Innenhof ist diese kleine Dreistigkeit wert, so kann man sich die architektonische Struktur dieser alten Hospize vergegenwärtigen. Im Jordaan (aber auch in anderen Stadtteilen) finden sich mehrere dieser Armenhäuser. Im 17. und 18. Jh. wurden Dutzende davon eingerichtet. Der Gründer war in der Regel ein reicher Kaufmann, der aus verschiedenen Motiven von dem Wunsch beseelt war, den Alten und Armen seines Glaubens Gutes zu tun. Er ließ also schlichte Häuser mit winzigen Wohnungen bauen, die um einen quadratischen Innenhof standen, der eine unscheinbare Tür zur Straße hatte. Diese Häuser überließ er der Gemeinde, die sich darum bemühen musste, dass die Regeln eingehalten wurden, die der Stifter aufgestellt hatte. Amsterdams Hospize waren Orte des Friedens und von einer unwirklichen Stille geprägt. Ein Verwalter, dessen Haus zum Hof zeigte, wachte über das Leben dieser Gemeinschaft. Hier, an der Ecke zur Eerste Leliedwarsstraat, genießt man einen schönen Blick auf den Glockenturm der Westerkerk. Am Ende der Egelantiersgracht befindet sich ein kleines und berühmtes Café, "'t Smalle", typisches Beispiel eines *bruine café,* jener Lokale, deren Wände vom Rauch der Kunden geschwärzt sind. Hier installierte 1780 Peter Hoppe (in Holland wegen seines *Jenevers* berühmt) die ersten Destillierkolben seiner Schnapsbrennerei. An diesem Punkt ist man wieder auf der Prinsengracht angelangt. Wenn man sich nach links wendet, betritt man die **Egelantiersstraat**. Das Haus **Nr. 52** trägt ein einzigartiges Wappen, eine schreibende Hand.

Sie soll an den früheren Besitzer erinnern, einen Schreiber und Meister der Schriftkunst. Gleich daneben der halbversteckte Eingang zum **Claes-Claeszhofje**, einem anderen Armenhaus, das 1626 von einem Stoffhändler baptistischen Glaubens gestiftet wurde. Heute wird es hauptsächlich von Studenten der Amsterdamer Musikakademie bewohnt. Seine drei engen und äußerst ruhigen Innenhöfe sind einen kurzen Besuch wert. Danach biegt man nach rechts zur Eerste Egelantiersdwarsstraat ab und gleich wieder links zur Tuinstraat (Gartenstraße). Nach einem winzigen öffentlichen Garten gelangt man zu einem weiteren Armenhaus, dem **Regenboogsliefdehofje**. Auf diesem Weg erreicht man die **Tweede Tuindwarsstraat,** eine der Einkaufsstraßen des Jordaan, die reich an Straßencafés, kleinen Restaurants und Läden aller Art ist. An der Westerstraat und der Tichelstraat angekommen (die Häuser **Nr. 33** und **53** tragen die Wappen Batavias, des heutigen Djakartas, der Hauptstadt der einstigen indonesischen Kolonie), biegt man nach rechts zur Karthuizerstraat ab, wo man noch ein Armenhaus vorfindet, das **Huiszitten-Weduwenhofje**, welches einst für Witwen bestimmt war und heute Jugendliche beherbergt. Am Ende dieser Straße ist man endlich auf der **Lindenstraat**, die einen direkt zum Noordermarkt, dem Platz der Noorderkerk, bringt. An der linken Häuserzeile kann man einige interessante Wappen sehen, ein Schaf (**Nr. 19**), ein Huhn (**Nr. 18**) und eine Kuh (**Nr. 17**). Vor uns steht die mächtige **Noorderkerk.** Die Nordkirche wurde 1620 von Hendrick Staets und Hendrick de Keyser erbaut und war die erste, die mit der architektonischen Tradition, die Hauptschiff, Querschiff, Chor und Altar verlangte, gebrochen hat. Man erbaute sie in Form eines griechischen Kreuzes mit vier Schiffen gleicher Län-

Das Café 't Smalle.

Die Noorderkerk, die erste Kirche Amsterdams mit einem Grundriss in Form des griechischen Kreuzes.

ge, die sich im Zentrum treffen. Der Noordermarkt liegt seinerseits wieder an der Prinsengracht. Dies ist eine der bezauberndsten Stellen Amsterdams. Ein kurzes Stück dem Kanal folgend, gelangt man auf der linken Seite zu dem berühmtesten Café des Viertels, dem "Papeneiland", das mit Delfter Keramik geschmückt ist. Dahinter beginnt die **Lindengracht**, eine schöne, baumbestandene Allee, die jeden Samstag von einem Markt belebt wird. Auf der Lindengracht findet man am Haus **Nr. 57** ein kurioses Wappen, das alles auf den Kopf stellt: die Schrift 'T. Hcargnednil (was rückwärts gelesen den Namen der Straße ergibt), die Jahreszahl

"Einigkeit macht stark", eine Skulpturengruppe am Eingang der Noorderkerk, die an den Aufstand im Jordaan erinnert.

Die Noorderkerk.

und die Darstellung (Fische, die friedlich in den Zweigen eines Baumes schwimmen). Am Anfang der Allee steht die Statue eines berühmten holländischen Dichters, Theo Thijssen, der viele Jahre lang in einer Schule im Jordaan unterrichtete. Der ausgedehnte Spaziergang im Jordaan endet, indem wir uns erneut nach rechts wenden und die **Driehoekstraat** erreichen, eine seltsame Straße in Dreiecksform, die die nördliche Grenze des Stadtteils bildet. Von hier aus geht man an der **Brouwersgracht** zurück in Richtung Papeneiland; der Kanal verdankt seinen Namen den alten Brauereien, die hier einst versammelt waren. Dies ist der Kanal wo die fantasiereichsten, mit unzähligen Pflanzen geschmückten **Hausboote** Amsterdams vertäut sind, aber auch der Kanal, auf dessen rechter Seite noch die alten Lagerhäuser stehen, deren Flaschenzüge ganz oben auf der Höhe des Daches hängen.

RONDE LUTHERSE KERK

Was an dieser Kirche beeindruckt, ist ohne Zweifel ihre 45 m hohe **Kupferkuppel**. Sie überragt mit ihrer stattlichen Größe die niedrigen Häuser des ehemaligen Viertels der Heringshändler. Es ist eine für ihre Zahlen berühmte Kirche: 2 Millionen Backsteine wurden verbaut und 3615 Pfähle eingerammt; das Kupfer stiftete Karl XI. von Schweden. Ein Brand zerstörte sie im Jahre 1882. Sie wurde wieder aufgebaut, aber ihre Zeit war vorbei, das Viertel entvölkerte sich langsam und die Kirche litt unter diesem Niedergang. 1935 wurde sie entweiht und versiegelt. Danach nutzte man sie als Lagerhalle, bis ein großer amerikanischer Konzern, der genau daneben ein Luxushotel baute, sich für ihre Räumlichkeiten zu interessieren begann. Der Vorschlag, sie zu restaurieren und als Halle für Kongresse, Bankette, Schauspiele und Konzerte auszubauen, wurde angenommen, die Ronde Lutherse Kerk ist heute ein Kongress- und Konzertsaal.

Es sind nur wenige Schritte bis zum **Nieuwendijk**, das Haus Nr. 16 auf dieser geschäftigen Straße enthält das **Holländische Kunst- und Handwerkszentrum**. Es scheint nur eine Attraktion für eilige Touristen zu sein, in Wahrheit kann man in einem geräumigen Kellergeschoss tüchtige Handwerker bei der Herstellung von typisch holländischen Produkten bewundern. In den einzelnen Kojen arbeiten Diamantschleifer, Glasbläser, Holzschuhmacher, Keramiker, Drucker und Kupferschmiede.

Die entweihte Ronde Lutherse Kerk enthält heute einen Kongresssaal.

Der Hauptbahnhof • Damrak • Das Sexmuseum • Beurs van Berlage • Der Rotlichtbezirk • Oude Kerk • Das Amstelkring-Museum • Sint Nicolaaskerk • Schreierstoren • Waag • Die Universität • Allard Pierson-Museum

Das Sexmuseum
•S. 31

Waag
•S. 41

Die Universität
•S. 44

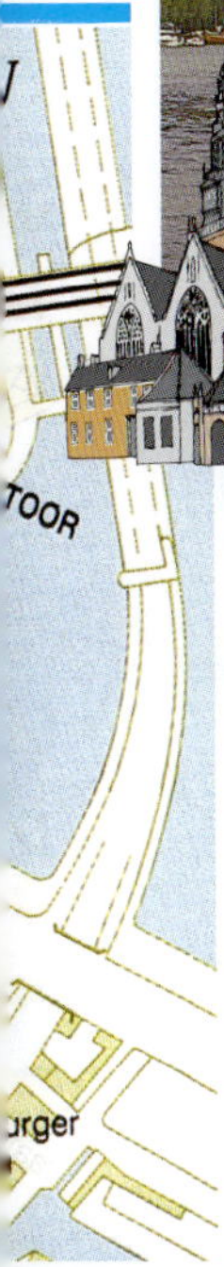

Oude Kerk
•S. 33

Der Hauptbahnhof
•S. 30

Damrak
•S. 31

DER HAUPTBAHNHOF

Der Amsterdamer Bahnhof ist ein wahres Monument, ein Meisterwerk von Pieter Cuypers, der auch das Rijksmuseum gebaut hat. Stutzen Sie deshalb nicht, wenn Sie Leute mit gereckten Hälsen sehen, die das enorme Gebäude bewundern. Es wurde gegen Ende des 19. Jh. entworfen und auf drei künstlichen Inseln gegenüber dem Hafen erbaut. Der davorliegende Platz öffnet sich halbkreisförmig zum Stadtpanorama hin. Man muss durch die Bahnhofshallen wandeln, um sich der Schönheit dieses Gebäudes bewusst zu werden (es ist unvermeidlich die Zahl der Pfähle anzugeben, die den Bau abstützen, diesmal sind es 8687). Das Innere erinnert mit seinen Haupt- und Nebenschiffen an eine Kathedrale. Durchquert man den Bahnhof von einer Seite zur anderen, so gelangt man durch einen Hinterausgang direkt zum **IJ**, dem Meeresarm, der in das Ijsselmeer mündet, und zum **Hafen**. Der kleine Wolkenkratzer linker Hand ist der Hafenturm, das **Havengebouw** (siehe S. 122).

Der Hauptbahnhof - Bauelemente aus Neugotik und Neorenaissance sind für dieses an das Rijksmuseum erinnernde Gebäude typisch. Oben: einer der Türme mit Wetterfahne, die die Hauptfassade flankieren.

Vom Bahnhof führt der **Damrak**, eine der Hauptstraßen Amsterdams, direkt zum Dam. Es ist eine Einkaufsstraße, randvoll mit Geschäften, Antiquitätenläden, Boutiquen und Gasthäusern. Bemerkenswert sind das **Sexmuseum** (Nr. 26) und die sehr gut ausgestattete englische Bücherei (Allert de Lange, Nr. 64). Auf der linken Seite des Damrak fällt ein langes Backsteingebäude auf. Dieses plumpe aber imposante Bauwerk, das zwischen 1898 und 1903 entstand, war früher die **Börse**, einer der Handelstempel Amsterdams. Sie wurde von Hendrick Petrus Berlage, einem Schüler Cuypers erbaut und galt wohl seinerzeit als ein Meisterwerk der modernen Architektur. Heute enthält es das **Beurs van Berlage Museum**.

Wenn man sich auf dem **Beursplein** genannten Börsenplatz befindet, sollte man um das Gebäude herumgehen und weiter bis zum Damrakbecken. Dort angekommen, biegt man nach rechts ab und überschreitet damit eine imaginäre Grenze zwischen der reichen Geschäftswelt und dem **Rotlichtbezirk**, dem Dirnenviertel Amsterdams. Das *Walletjes* (kleine Stadtmauer) ist ein Viertel uralter, baufälliger Häuser, das rings um den Hafen und die älteste Kirche der Stadt, die **Oude Kerk**, wuchs.

Es ist die Zone des Sex, der in Schaufenstern ausgestellten Frauen und der Prostitution. Aber nicht erst in unseren Tagen, das Geschäft mit der Liebe wurde hier offiziell schon im 14. Jh. betrieben.
Die Szenerie ist fast romantisch, enge Gassen, reizende Kanäle und die heruntergekommenen Fassaden des

Beurs van Berlage - das imposante Bauwerk aus roten Backsteinen heißt nach dem Architekten, der es zu Beginn des 20. Jh. konzipierte; es gilt als ein Meilenstein der modernen Architektur Hollands.

Oudezijds Voorburgwal und, parallel dazu des **Oudezijds Achterburgwal**, all dies stößt sich mit den Vetrinen, in denen sich die Prostituierten den Gaffer-Kunden anbieten.
Das Walletjes ist eine seltsame Mischung, ein bizarres Ambiente. Man kann es als traurig oder als unterhaltsam empfinden, Tatsache ist, dass alle Welt hingeht und die Amsterdamer es inzwischen als eine Touristenattraktion ansehen. Hier findet man auf einem Fleck herrliche alte, von Omas geführte Läden, tadellos gekleidete protestantische Pfarrer und die gemeinsten Zuhälter. Vergessen Sie nicht, dass sie in Amsterdam sind, in einer Stadt, die die Toleranz zu ihrem Erkennungszeichen gemacht hat.

Einer der Punkte, an dem der Kontrast zwischen dem Geschäft mit dem Sex und der Romantik des Walletjes am stärksten hervortritt, ist der **Oudekerksplein**. Wenn man auf der **Warmoesstraat** ist, der engsten der alten Geschäftsstraßen Amsterdams, muß man an den dichtgereihten Bars und Cafés entlanggehen, bis sich auf der linken Seite ein winziges Gässchen öffnet, der Enge Kerksteeg, der einen direkt zum Eingang der Oude Kerk bringt.

Einige Aspekte des lebhaften Rotlichtbezirks.

OUDE KERK

Die "Alte Kirche" ist die größte und älteste Kirche Amsterdams. Die erste Kirche wurde an dieser Stelle noch vor dem Dam errichtet. 1306 entstand hier auf dem rechten Amstelufer eine kleine Kapelle in Kreuzform, dort wo sich zuvor eine Holzkirche befand. Der Erzbischof von Utrecht weihte sie dem hl. Nikolaus, dem Schutzpatron der Matrosen und Bäcker. Im Laufe der Jahrhunderte wurde die Oude Kerk den verschiedensten Umbauten, Restaurierungen und Veränderungen unterzogen. 1370 wurde sie durch den Anbau zweier Seitenkapellen erweitert, aber erst in der zweiten Hälfte des 15. Jh. erhielt sie ihre heutige Form mit den drei Schiffen und dem von 42 Pfeilern gestützten Tonnengewölbe.

Der **Glockenturm** wurde 1565 nach einem Entwurf von Joost Janszoon Bilhamer erbaut. Er ist 68 m hoch und wird von einem hölzernen Turmhelm bekrönt. Sein *Glockenspiel* mit 47 Glocken (1658 von François Hémony konstruiert) ist eines der großartigsten Hollands.
Mit den religiösen Wirren des Jahres 1578 ging die Kirche an die Protestanten über, die sie von den Statuen, den 38 Altären und allem anderen Schmuck, den sie als eitlen katholischen Luxus ansahen, säuberten. Die Oude Kerk wurde zu einer Art Bürgertreff umfunktioniert, und seit dem 17. Jh. wird sie immer mehr zu außerreligiösen Zwecken genutzt.

Oude Kerk - die älteste Kirche Amsterdams in ihrer heutigen Form.

Oude Kerk - Innenansicht.

Die große Orgel aus Eichenholz von Jan Westerman wurde hier 1724 angebracht.

Aus der Renaissance blieben in der **Kapelle Unserer Lieben Frau** (vom Eingang gesehen auf der rechten Seite) drei farbige Glasfenster erhalten, die 1555 Pieter Aertszoon gestaltete, sie stellen den *Tod der heiligen Jungfrau*, die *Anbetung der Hirten* und die *Frohe Botschaft* dar. In der Oude Kerk liegen viele berühmte Holländer begraben, der Admiral Jacob van Heemskerck, der bei Gibraltar in einer Schlacht gegen die Engländer fiel, der Maler Carel van Mander und der Entdeckungsreisende Kilaen van Rennsselaer, einer der Gründer von Neu Amsterdam, des späteren New York. Hier ruht auch unter einer Grabplatte, die die Inschrift K. 19 trägt, Saskia, die erste Frau Rembrandts.

Außerhalb der Oude Kerk gibt es eine andere kleine Sehenswürdigkeit, den **Trompeteersteeg**, er ist zusammen mit dem **Slapersteeg** die engste Gasse Amsterdams. Man findet ihn nach der Nr. 88 des Oudezijds Voorburgwal. Folgen Sie diesem Kanal, indem Sie nach der Oude Kerk nach links abbiegen.
Bei der Nr. 40 befinden sie sich vor dem Amstelkring-Museum und einer Kirche, die Sie aber nicht als solche erkennen werden, weil sie gut versteckt im letzten Stock dieses schönen Hauses aus dem 16. Jh. untergebracht ist.

Oude Kerk - Detail eines Kirchenfensters von Aertszoon mit dem Wappen Amsterdams.

Das Amstelkring-Museum.

Amstelkring-Museum - Innenansicht.

Folgende Seite: Ons'Lieve Heer op Solder, die kleine Geheimkirche im Dachgeschoss. Auf der Altartafel stellte Jacob de Wit die *Taufe Christi* dar.

DAS AMSTELKRING-MUSEUM

Dieses typische holländische Haus des 17. Jh. am Kanal hat auf der Rückseite zwei kleinere Gebäude und enthält ein mit höchster Sorgfalt gestaltetes Museum und außerdem **Ons'Lieve Heer op Solder**, die kleine ehemalige Geheimkirche Unser lieber Herr des Söllers.

Zwischen 1661 und 1663 ließ der reiche Kaufmann Jan Hartman das Haus entsprechend der Mode seiner Zeit restaurieren und einrichten und wie andere tolerante und aufgeklärte Bürger öffnete er es den zahlreichen katholischen Gemeindemitgliedern. In den obersten Stockwerken baute er eine Geheimkirche, damit die Gläubigen dort unbehindert ihrem Gottesdienst nachgehen konnten. In den dunklen Jahren der Intoleranz, die auf die Reformation von 1578 folgten, gab es in der Stadt nicht wenige Kirchen dieser Art, oftmals verbargen sie sich hinter anonymen Fassaden. Ons'Lieve Heer op Solder ist die einzige, die sich erhalten hat.

Die 1735 erweiterte Kirche blieb ein Kultraum, auch nachdem es in Holland wieder Religionsfreiheit gab. Als jedoch 1887 die Sankt Nikolaus-Kirche in der Prins Hendrikkade fertig wurde, schloss man sie endgültig.

Heute werden in der kleinen Dachbodenkirche nur noch gelegentlich Weihnachtsmessen und Hochzeiten gefeiert.

Das Museum befindet sich in den unteren Stockwerken und wurde 1888 eröffnet. Es enthält Zimmer, die im klassischen Stil des holländischen "goldenen Jahrhunderts" eingerichtet und dekoriert sind. Besonders interessant ist der *Saal*, ein Wohnzimmer, das sich unverändert in seinem damaligen Zustand erhalten hat. Auch die Küche und das Schlafzimmer des Kaplans enthalten noch originales Mobiliar und Dekorationselemente.

Zeedijk - Dieses Haus mit Holzfassade entstand im 16. Jh. und ist zusammen mit der im Begijnhof die einzige Fassade der Stadt, die noch aus brennbarem Material besteht.

Sint Nicolaaskerk - die Fassade.

Der Oudezijds Voorburgwal endet dort, wo eine Mauer mit zahlreichen Wappen - Sonne, Mond, ein Schwan, ein Schiff, ein Löwe - steht, am **Zeedijk**, einer der mittelalterlichen und verrufenen Straßen des alten Amsterdamer Hafens. Diese Ecke der Stadt hat radikale Umbauten erfahren, die Golden Tulip hat genau neben der Sankt Nikolaus-Kirche ein riesiges Luxushotel errichten lassen. Um zur Kirche zu gelangen, verlässt man den Zeedijk und biegt nach links ab, so dass man wieder den Bahnhofsplatz vor sich hat. Seitlich davon steht die Sankt Nikolaus-Kirche.

SINT NICOLAASKERK

Dies ist eine weitere der zahlreichen holländischen Kirchen, die man im Namen des Schutzpatrons der Seeleute weihte. Seit ihrer Fertigstellung im Jahre 1887 ist sie die katholische Hauptkirche Amsterdams. Die im Neorenaissancestil erbaute dreischiffige Basilika mit kreuzförmigem Grundriss beherrscht mit ihren zwei von barocken Turmhelmen geschmückten Glockentürmen und der großen Kuppel über der Vierung die gesamte Innenstadt.
Die Sint Nicolaaskerk steht in gewisser Weise in Verbindung zum Wunder von Amsterdam; hinter dem Hauptaltar findet man über dem Tabernakel die *Krone des Kaisers Maximilian von Österreich,* die dieser, nach seiner Pilgerfahrt zum Schauplatz des Wunders, der Stadt Amsterdam geschenkt hatte. Im Jahre 1345 ereignete es sich nämlich, dass ein Mann, der im Sterben lag, die

Sint Nicolaaskerk - Blick auf die Kirche am Prins Hendrikkade.

letzte Kommunion empfangen sollte, es ihm aber nicht gelang, die Hostie zu schlucken. Er spie sie wieder aus, verstarb erstaunlicherweise nicht und die Hostie, die ins Kaminfeuer geworfen worden war, blieb von den Flammen unversehrt. Daraufhin war Amsterdam das ganze Mittelalter hindurch das Ziel frommer Pilgerfahrten. Die Darstellung eines solchen Pilgerzuges befindet sich auf der rechten Seite des Hauptaltares von Sankt Nikolaus.

Prins Hendrikkade - Ansicht des Kanales bei der Sint Nicolaaskerk.

Schreierstoren - der sog. Tränenturm gehörte einst zu den mittelalterlichen Stadtmauern.

Beim Verlassen der Kirche wendet man sich in Richtung des Amsterdamer Oosterdok, das eine Seite der gewaltigen Hafenanlage bildet. Kaum ist man nach rechts in die Prins Hendrikkade eingebogen, trifft man hinter der Ecke auf den Tränenturm.

SCHREIERSTOREN

Der Schreierstoren oder Tränenturm ist ein Fragment der mittelalterlichen Stadtmauer Amsterdams und erhebt sich an der Kreuzung der Prins Hendrikkade mit der **Geldersekade.** Das alte Fort stammt aus dem Jahr 1482, ein Gedenkstein auf seiner Mauer zeigt eine verzweifelte Frau mit ihrem Kind, zum Abschied winkend. Von hier liefen die holländischen Seefahrer zu ihren endlosen Reisen aus und an dieser Stelle wurden sie stets von ihren weinenden Frauen verabschiedet. Von den Schreierstoren aus stach am 4. April 1609 der *Halve Maen* (der Halbmond) des Henry Hudson in See, woran eine weitere Gedenktafel erinnert. Am Ende seiner Reise landete Hudson an der Mündung des Flusses, der heute seinen Namen trägt und gründete Neu Amsterdam, das spätere New York.
Bis 1960 beherbergte der Tränenturm die Büros der Hafenverwaltung. Heute befinden sich hier ein gut ausgestattetes Geschäft für Bootsbedarf und eine Bar.

Vom Tränenturm aus geht man längs einem der quer durch Amsterdam führenden Kanäle, dem schönen Geldersekade, bis zu einem der historischen Knotenpunkte der Stadt, dem **Nieuwmarkt**, der die Grenze zwischen dem Altstadtkern und dem Ostteil Amsterdams bildet (siehe S. 48). Der Nieuwmarkt, der einst ein lebhafter Fischmarkt war, ist heute ein großer chaotischer Platz, Grenzland zwischen dem Rotlichtbezirk und den volkstümlichen Vierteln der Altstadt. Seit im Jahre 1614 der Kanal, der den Kloveniersburgwal mit dem Geldersekade verband, zugeschüttet wurde, steht die Waag isoliert mitten auf dem Nieuwmarkt.

WAAG

Der heutige Name verschleiert den Ursprung, denn "Waage" war weder der erste Name, noch die erste Funktion dieses vielgliedrigen Gebäudes mit sieben Türmen. Vielmehr war es ursprünglich eines der mittelalterlichen Stadttore Amsterdams, hieß Sint Antoniespoort und war Teil des Verteidigungsringes des 15. Jh. Eine Inschrift besagt, dass sein Grundstein am 28. April 1488 gelegt wurde. Aber es dauerte keine zwei Jahrhunderte und das Sankt Antonius-Tor büßte seine ursprüngliche Funktion ein, das schnell wachsende Amsterdam drängte nach Osten, über die Stadtmauer hinaus und machte so das Stadttor, das bald inmitten der Häuser stand, überflüssig. 1617 wurde der Innenhof des Stadttors mit einer Kuppel überwölbt und die öffentliche Waage nahm dort ihre Arbeit auf. Im Erdgeschoss wurden die Kanonen und Anker für die holländischen Schiffe gewogen, in den anderen

Waag - das mittelalterliche Sankt Antonius-Tor beherscht den Nieumarkt und enthielt zwei Jahrhunderte lang die öffentliche Waage.

Stockwerken brachte man verschiedene Handwerksgilden unter, die der Schmiede, Maurer und Maler, aber vor allem der Chirurgen, die hier über 200 Jahre lang blieben. Alle hinterließen Spuren ihrer Anwesenheit, die Mediziner mit dem **Anatomiehörsaal** und den Ausschmückungen der **Kuppel**, die die Wappen ihrer Korporation zeigen, die Steinmetze mit der üppigen Dekoration ihrer Räume und den von Hendrick de Keysen kunstvoll gemeißelten Ornamenten ihres Eingangs.
Im 17. Jh. hielten die Mediziner in der Waag ihre anatomischen Vorlesungen ab, zu denen auch Rembrandt eingeladen war und durch die er zu zwei berühmten Gemälden angeregt wurde, dem *Anatomieunterricht des Doktor Tulp* (im Mauritshuis von Den Haag ausgestellt) und dem *Anatomieunterricht des Doktor Deijmann* (Rijksmuseum Amsterdam).
Die Waag hat unzählige Eingänge, weil die Innungen eifersüchtig auf ihre Unabhängigkeit bedacht waren, so dass sich eine jede einen separaten Eingang zu ihren Räumen baute. 1819 zog die öffentliche Waage aus dem alten Stadttor aus, danach wurde es viele Jahre lang für die verschiedensten Zwecken benutzt. 1829 bestand Abrissgefahr, aber dann diente es als Fechtakademie, wurde darauf zum Möbellager und später sogar zur Feuerwehrkaserne. 1891 richtete man hier das städtische Archiv ein und 1926 diente die Waag dem Historischen Museum Amsterdams als erste Bleibe. Dieses wiederum überließ zwei der Räume dem Jüdischen Museum, das sich 1955 auf ein ganzes Stockwerk ausbreitete, um schließlich das ganze Gebäude einzunehmen, als das Historische Museum seine endgültige Bleibe in der Kalverstraat fand. Ein weiterer Wechsel ergab sich 1987, als das Jüdische Museum in die Jonas Daniël Meijerplein im jüdischen Viertel umzog (siehe S. 61).

Nun kehrt man wieder in das Herz Amsterdams zurück, in seinen mittelalterlichen Stadtteil. Vom Nieuwmarkt aus biegt man in eines der zahlreichen Gässchen ein, die auf der rechten Seite wieder in das Grenzgebiet des Rotlichtbezirks und zum Oudezijds Achterburgwal, einem der inneren Kanäle dieser Gegend Amsterdams, führen. Ist man an diesem Kanal angekommen, folgt man ihm nach links in seiner ganzen Länge.

Das Haus der Drei Kanäle.

Man lässt bald die letzten roten Lämpchen der Schaufensterprostituierten hinter sich, überquert die Oude Hoogstraat (die einzige hektische Straße des Viertels, da sie eine Querverbindung zum Dam ist) und spaziert dann gemütlich zwischen herrlichen Häusern bis zu dem Punkt, an dem sich die beiden Kanäle treffen. Dort liegt einer der reizvollsten Winkel Amsterdams, zwei kurz aufeinander folgende Brücken, die die langen Querkanäle des Zentrums und den Grimburgwal überqueren. Ein prächtiges Haus, in dem sich heute ein Bücherantiquariat befindet, ist das Schmuckstück dieses Paradieses: das **Haus der Drei Kanäle**, das Bindeglied zwischen den Wassern, die hier zusammenfließen.

Oudemanshuispoort - die Brille, die oberhalb des Zugangsbogens zum Oudezijds Achterburgwal erscheint.

Links von dem Haus der Drei Kanäle öffnet sich ein Bogen. Es ist der frühere Eingang zu einem Hospiz für alte Männer, dem **Oudemanhuispoort,** heute Sitz der Amsterdamer Universität. Aber dieser Bogengang, der zu einem anderen Kanal, dem Kloveniersburgwal führt, ist auch für seinen täglichen Büchermarkt berühmt. Alte Herren thronen hier hinter abgenutzten Verkaufstischen. Die gesamte Galerie, durch die man den Innenhof der Universität erreicht, ist ihr und ihrer Bücher Reich. Hier finden sich auch echte Raritäten und antike Editionen.

Eine weitere Perspektive des Hauses der Drei Kanäle.

Oudemanshuispoort - der Eingangsbogen des ehemaligen Altersheimes, das heute als Universität dient.

DIE UNIVERSITÄT

Der schöne Innenhof, der an die Galerie der Buchhändler anschließt, war einst der Hof des im Jahre 1601 eingerichteten Heimes.
Die Universität Amsterdam wurde 1632 gegründet. Es war der Historiker Gerardus Johannes Vossius, der am 8. Januar jenes Jahres die Eröffnungsvorlesung der neuen Hochschule hielt, die es sich zu einer ihrer Hauptaufgaben gemacht hatte, eine Bresche in die Front des triumphierenden Kalvinismus zu schlagen und die Freiheit zu verteidigen.
Die Amsterdamer Universität zog bald die herausragenden Geister der holländischen Kultur an, u.a. den Mathematiker Hortensius, den Juristen Cabelliau, den Mediziner Blasius und den Theologen Van Leeuwen.
1840 zog die Universität in das alte Hospiz um, in dessen schönem Innenhof die *Vossius-Statue*, also ein Denkmal des ersten Professors der Amsterdamer Universität, aufgestellt wurde.

Folgen wir dem Grimburgwal in rückwärtiger, dem Büchermarkt entgegengesetzter Richtung, so kommen wir linker Hand zu einem Gässchen mit einem kuriosen Namen, **Gebed Zonder End**, d.h. "Gebet ohne Ende", dieser Name erinnert an die Klöster, die es in dieser Gegend gab. Der Grimburgwal zwingt uns, die Idylle der Amsterdamer Altstadt zu verlassen und bringt uns auf den **Rokin**, eine der Hauptstraßen, welche die Verlängerung des Damrak bildet. Wir gelangen genau an der Stelle auf den Rokin, wo einst die Amstel zugeschüttet und ihr Lauf umgeleitet wurde. Auf der andern Seite der Brücke steht ein kleines **Reiterdenkmal** zur Erinnerung an die große Königin Wilhelmine, die von den Holländern sehr verehrt wurde. Sie bestieg den Thron als junges Mädchen und regierte über 50 Jahre lang, einschließlich des Exils in London während der Besetzung Hollands durch die Nazis. Im Jahr 1948 dankte sie zu Gunsten ihrer Tochter Juliana ab. Sie war es auch, die der Stadt Amsterdam konzidierte, das Motto "heroisch, entschieden und mutig" in ihrem Wappen zu führen. Im Rücken des Standbildes Wilhelmines befindet sich das Archäologische Museum Allard Pierson.

Die Universität - Innenhof

Die Reiterstatue der Königin Wilhelmine auf dem Rokin.

ALLARD PIERSON-MUSEUM

Der Eingang zum Allard Pierson-Museum.

Als feststand, dass die Stadt Amsterdam die Privatsammlung des Archäologen Scheurleer bekommen könnte, beschloss man, ein Archäologisches Museum zu gründen. Dies geschah 1934 und man widmete das Museum dem Humanisten Allard Pierson.
Das Gebäude, in dem es sich seit 1976 befindet, ist der ehemalige Sitz der Holländischen Nationalbank, Oude Turfmarkt Nr. 127.
Im Gegensatz zu vielen anderen archäologischen Museen ist das Allard Pierson-Museum nicht sehr groß, aber seine Sammlungen sind besonders wertvoll und umfassen gesamte Epochen der westlichen und nahöstlichen Zivilisation.
Im Erdgeschoß befindet sich die *ägyptische Abteilung* mit Mumien, Totenmasken, Stein- und Bronzeskulpturen; daneben *wertvolle Sammlungen aus dem Nahen und Mittleren Osten.* Im Obergeschoß sind *griechische Kunstwerke, etruskische Bronzen und Urnen* ausgestellt. Von einer gewissen Bedeutung ist auch die *römische Sammlung,* die rings um einen gewaltigen Marmorsarkophag des 2. Jh. n. Chr. gruppiert ist.

Die klassizistische Fassade des Allard Pierson-Museums.

Zuiderkerkhof
•S. 51

Montelbaanstoren
•S. 52

Nieuwmarkt • Oostindisch Huis • Trippenhuis • Zuiderkerk • Pintohuis • Montelbaanstoren • *Das Jerusalem des Westens* • Museum Rembrandthuis • Waterlooplein • Der Flohmarkt • Mozes en Aäronkerk • Die Portugiesische Synagoge • Das Standbild des Hafenarbeiters • Joods Historisch Museum

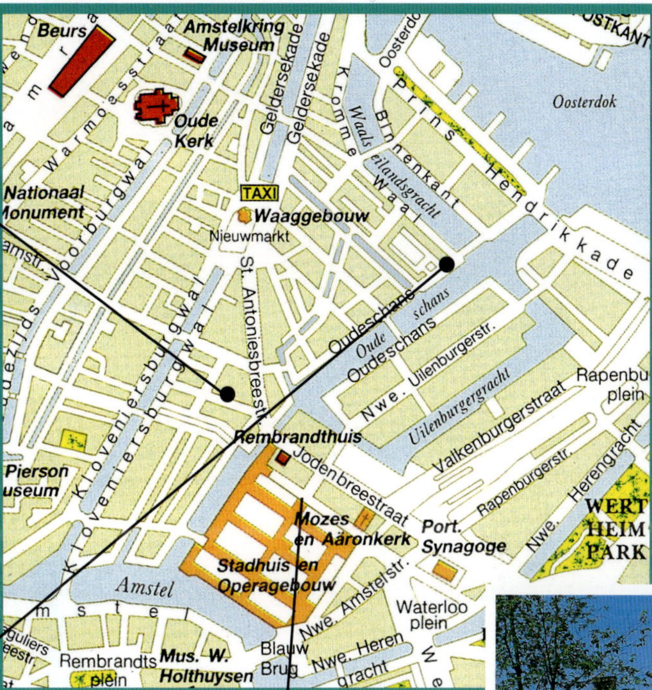

Der Flohmarkt
•S. 58

Sint Antoniesluis
•S. 52

NIEUWMARKT

Der Nieuwmarkt ist heute eine Art holländischer Beaubourg, der sich aber, umfassender als das Pariser Projekt, auf ein ganzes Stadtviertel ausdehnt. Wenn man die Hoogstraat entlanggeht, kann es einem passieren, dass man plötzlich verblüfft stehenbleibt: Die alten Amsterdamer Häuser werden nämlich auf einen Schlag von überraschend bunten Fassaden (blau, gelb, grün, weiß) und zukunftsorientierten Silhouetten abgelöst. Häuser aus Glas, lackiertem Eisen und Sichtbeton - im Nieuwmarkt bricht plötzlich die Moderne in das Stadtbild ein und schiebt sich ungezwungen zwischen die klassischen Amsterdamer Häuser. Doch es entsteht kein krasser Gegensatz, dort wo sich einst ein zu Grunde gehendes Viertel befand, entstand eine Stadt der Zukunft, die aber die Charakterzüge des alten Amsterdam bewahrt hat. Nieuwmarkt ist ein Stück jüngster Amsterdamer Geschichte. In den 70er Jahren beschlossen die Stadtväter, eine U-Bahn-Linie zu bauen. Ein wegen der hohen finanziellen und sozialen Kosten fast untragbares Unternehmen, denn keine Baumaßnahme im Untergrund einer auf Pfählen erbauten Stadt ist ohne den Abriss der darüberliegenden Gebäude möglich. Dies sollte aber die Zukunft aller Häuser über der U-Bahn-Linie und auch der des Nieuwmarktviertels sein, der einer der volkstümlichsten, vor allem von Hafenarbeitern bewohnter Stadtteil ist. Gegen den Abrissbeschluss setzten sich die Bewohner des Viertels jedoch zur Wehr, keiner wollte wegziehen, niemand wollte den Abriss der Häuser, von denen 1975 ein großer Teil von jungen Leuten besetzt wurde. Monatelang gingen Polizei und Planierraupen gegen die Jugendlichen vor, die jeden Meter gegen das U-Bahn-Projekt verteidigten. Trotz dieses heftigen Widerstandes wurden die Häuser abgerissen und das ganze Viertel dem Erdboden gleichgemacht. Sofort nach Beendigung der Abbrucharbeiten begann jedoch der Wiederaufbau. Nieuwmarkt bekam so ein völlig neues Gesicht, Glashäuser mit seltsamen, modularen Strukturen. Die Abschreibungskosten bezahlte der Staat, der auch für die Differenz zwischen der echten Miete und der Miete, die die Bewohner bezahlen - sie sind übrigens zum großen Teil in ihr altes Viertel zurückgekehrt - aufkommt. Heutzutage durch die Straßen des Nieuwmarkt zu schweifen (die Sint Antoniebreestraat, die Hoogstraat, der Zuiderkerkhof, die Raamgracht) ist wie in eine neuzeitliche, kühne Stadt einzutauchen. Im Nieuwmarkt-Viertel kann man auf authentische Überraschungen treffen wie am Zuiderkerkhof, Reibungspunkt zwischen Altem und Neuem, dort stehen die alte Apsis der Zuiderkerk und die modernen, eleganten Häuser harmonisch nebeneinander.

Die U-Bahn-Station des Nieuwmarkt hinter der Öffentlichen Waage ist ein echtes Denkmal und ein auf ihre Art einzigartiges Werk. Anhand von Schautafeln und Skulpturen werden die Geschehnisse um den Nieuwmarkt von Rembrandts Zeiten - er lebte dort - bis heute dokumentiert. Oberhalb der Tafeln ist eine mächtige Eisenkugel sichtbar, die eine Mauer niederreißt. Sie ist ein Werk des Jan Sierhuis, einer der bekanntesten holländischen Künstler der Gegenwart.

OOSTINDISCH HUIS

Das Bauwerk in Oude Hoogstraat 24, Ecke Kloveniersburgwal, gehört heute zur Universität, war aber einst der Sitz der mächtigen Ostindischen Kompanie (VOC). Doch keine Erinnerungstafel weist darauf hin, nur im Innenhof jenseits des Eingangsportals findet man ein kleines Wappen der VOC, die einst gewaltig zum Reichtum des Landes beitrug.
Der Gebäudekomplex wird Hendrick de Keyser zugeschrieben und hat sich seine Originalfassade fast vollständig bewahrt, während das Innere seit dem Ende des 19. Jh. tiefgreifend umgestaltet wurde, als die Bauten eine neue Bestimmung erhielten. Die Ostindische Kompanie behielt diesen Sitz, bis sie 1800 aufgelöst wurde.

Auf der Höhe von Nr. 12 des Kloveniersburgwal besuche man unbedingt die **Apotheke** und den **Kräuterladen** des Jacob Hooy, eines der historischen Geschäfte Amsterdams (seit 1743). Dort findet man in anheimelnder Jugendstilatmosphäre mehr als 400 Heil- und Küchenkräuter.
Auf der anderen Seite des Kanals (**Nr. 29**) steht das Trippenhuis, eines der eindrucksvollsten Häuser Amsterdams.

Oben: das Oostindisch Huis, das fast zwei Jahrhunderte lang Sitz der VOC war und heute zur Universität gehört.

Unten: die alte Apotheke und Kräuterladen Jacob Hooy & Co.

Das Trippenhuis - diese herrschaftliche klassizistische Residenz besteht in Wirklichkeit aus zwei Häusern. Eine der Fensterreihen an der von korinthischen Säulen gegliederten Fassade ist vorgetäuscht.

Unten: Das kleine Trippenhuis mit dem malerischen Sphinxgesims ist eines der schmalsten Häuser Amsterdams.

TRIPPENHUIS

Dies ist ein wahres Palais im klassizistischen Stil. Das Trippenhuis wurde von einem der größten Architekten des 17. Jh., Justus Vingboons, für die Gebrüder Lodewijk und Hendrick Trip erbaut. Diese waren steinreiche Besitzer schwedischer Eisenerzgruben und Kanonenfabrikanten. Sie wollten eine ihrem unermesslichen Reichtum entsprechende Residenz, die sie sich zwischen 1660 und 1664 erbauen ließen, wobei das Bauwerk die Quelle ihres Reichtums nicht verheimlicht, die *Schornsteine* des Trippenhuis haben nämlich die Form riesiger Mörser. Auch nach dem Ende des Wirtschaftsimperiums der Familie Trip blieb das Haus eines der wichtigsten Amsterdams; es beherbergte sogar das Rijksmuseum, das Wilhelm I., nach der Abdankung Louis Bonapartes, aus dem Königspalast hierher verlegen ließ. Die Kunstwerke blieben hier solange, bis die Königin Wilhelmine 1885 den Neubau des Rijksmuseums einweihte.

Gegenüber dem Trippenhuis, auf der anderen Seite des Kanals, steht als eine perfekte Kopie in Miniaturformat das **kleine Trippenhuis** (Nr. 26), mit dem die Trips einen ihrer Diener beschenkten. Als er äußerte, dass ihm für sein Glück ein Haus in der Größe des Eingangsportals des Trippenhuis schon genügen würde, wurde sein Wunsch sofort von einem der Brüder Trip erfüllt.

Der Glockenturm der Zuiderkerk. Der Torbogen, der die Sint Antoniebreestraat mit dem kleinen Platz der Zuiderkerk verbindet. Die Fassade des Pintohuis; dort hat die Openbare Bibliotheek ihren Sitz.

ZUIDERKERK

Die 1603 von dem allgegenwärtigen Hendrick de Keyser erbaute Zuiderkerk (Südkirche) ist eine protestantische Kirche, die von einem hohen Glockenturm überragt wird, den man in den Sommermonaten besteigen kann. Die Zuiderkerk erlebt heute eine neue Glanzeit, nachdem sie jahrzehntelang in Vergessenheit geraten war. Zu Anfang des 20. Jh. verkleinerte sich die Gemeinde immer mehr, bis die Kirchenobersten die Schließung veranlassten, 1929 wurde hier der letzte Gottesdienst abgehalten. Heute, nach langen Jahren der Restaurierung, wird die Zuiderkerk für kulturelle Zwecke genutzt. Man erreicht sie durch einen kleinen Torbogen, in den ein Totenkopf eingemauert ist, der sich zwischen der Nr. 130 und der Nr. 132 der Sint Antoniebreestraat befindet.

In derselben Straße (Nr. 69) befindet sich eine Bibliothek, die **Openbare Bibliotheek**. Tatsächlich handelt es sich hierbei um ein weiteres berühmtes Amsterdamer Gebäude, das **Pintohuis**. De Pinto, ein reicher jüdischer Bankier, kam zu Beginn des 17. Jh. in Amsterdam an. Es war die goldene Zeit der Stadt und De Pinto erwarb in kurzer Zeit ein großes Vermögen. Er kaufte das Haus 1651 und ließ seine Fassade und sein Inneres nach klassizistischen Kriterien umgestalten. Der Reichtum Isaac de Pintos war sprichwörtlich, immer wenn die Bewohner des jüdischen Viertels jemandes Wohlhabenheit betonen wollten, sagten sie, dass er "reich wie de Pinto wäre". Während die umliegenden Häuser in den 70er

Jahren abgerissen wurden, restaurierte man die luxuriöse Residenz des Bankiers, deren prächtige Innendekoration dadurch ihren verlorenen Glanz zurückgewann. Geht man die Sint Antoniebreestraat entlang, - sie war vor dem Krieg nur von Juden bewohnt und bildet das Kernstück des Nieuwmarkt-Viertels -, so gelangt man an einen der meistfotografierten Punkte Amsterdams, **Sint Antoniesluis**, eine Brücke und Schleuse des **Oudeschans**, einer der breiten Kanäle, in die die Amstel umgeleitet wurde. Das herrliche Panorama, das man von dieser Schleuse aus genießen kann, ist eine Ruhepause wert. Am Ende der Oudeschans erhebt sich ein Wachturm, welcher Montelbaanstoren genannt wird.

MONTELBAANSTOREN

Dies ist einer der typischen Backsteintürme Amsterdams, der 1512 zu reinen Verteidigungszwecken erbaut wurde. Er sollte zur Überwachung des Lastage dienen, jenes Hafenbeckens, in dem die großen holländischen Schiffe repariert wurden. Zu Anfang war er nur ein niedriger Wachturm, dem erst Hendrick de Keyser 1606 einen Glockenturm mit spitzem Helm aufsetzte. Heute beherbergt das Bauwerk die Wassermeisterei Amsterdams, die Behörde, die die Schleusen und das reguläre Fließen der Kanäle überwacht.

DAS JERUSALEM DES WESTENS

Jahrhundertelang wurde Amsterdam so genannt. Vom 15. Jh. an entwickelte sich Amsterdam zum einzig möglichen Zufluchtsort für Tausende von Juden, die in ganz Europa Verfolgungen erlitten. Für sie war Amsterdam das "Mokum", die einzige Stadt, in der sie sicher leben konnten. Die ersten Juden, die sich hierher retteten, flüchteten vor der spanischen Inquisition und nannten sich Sephardim nach dem hebräischen Namen für die iberische Halbinsel. Dann, nach dem Fall Antwerpens (1585), kamen die überlebenden jüdischen Händler jener Stadt. Sie waren die ersten Diamantschleifer Amsterdams. Doch dies war nur eine Vorhut. Der große Ansturm setzte mit den deutschen und osteuropäischen Juden ein, die zu Tausenden aus ihrer alten Heimat auswanderten. Sie nannten sich Aschkenasim und waren meist völlig mittellos. So trafen hier zwei ganz verschiedene Welten aufeinander, die Sephardim bildeten eine bürgerliche Klasse wohlhabender Händler, während sich die deutschen Juden in einer hoffnungslosen wirtschaftlichen Lage befanden. Auch war ihnen der Zugang zu bestimmten Gewerben versagt. Am Ende des 16. Jh. erlebte Amsterdam ein beispielloses Anwachsen seiner Bevölkerungszahl, während eines Jahrhunderts hatte es die Flüchtlinge ganz Europas aufgenommen und dadurch seine Einwohnerzahl vervierfacht.
Die ersten Juden siedelten sich im Ostteil Amsterdams hinter den sieben Türmen des Sint Antoniespoort, der späteren Waag (öffentlichen Waage), an. Sie wohnten rings um den großen Waterlooplein und bildeten schon bald eine mächtige und gefürchtete Händlerschicht. Waren sie 1672 noch wenig mehr als 10.000 bei einer Bevölkerung von insgesamt 200.000, so zählten die Amsterdamer Juden zu Beginn unseres Jahrhunderts schon 60.000 Personen, zu denen in den 30er Jahren noch diejenigen kamen, die vor dem Naziregime in Deutschland flüchteten. Hier waren sie aber nicht lange in Sicherheit, denn 1940 ließ Hitler Holland besetzen und schon ein Jahr später begannen die Rassenverfolgungen. Die oppositionelle Haltung der Einwohner Amsterdams - wie der Hafenarbeiterstreik gegen die ersten Deoportationen von 1941 - konnte nichts ausrichten. Die Juden wurden in ein Getto eingeschlossen, ihr Besitz konfisziert. Schließlich deportierte man die Unglücklichen in ein Vernichtungslager. So verschwanden 10 Prozent der Bevölkerung Amsterdams, von 140.000 holländischen Juden entgingen nur 40.000 dem Holocaust.

Vorhergehende Seite:

Ansicht der Zuiderkerk von der Jodenbreetstraat aus.

Montelbaanstoren, der Turm am Oudeschans (1512). Im 17. Jh. setzte ihm Hendrick de Keyser einen eleganten Glockenturm auf.

Sint Antoniesluis, die Schleuse und Brücke am Oudeschans.

Sint Antoniesluis ist der Zugang zur **Jodenbreestraat**, dem Kern des jüdischen Viertels. Anfang des 20. Jh. waren 95 Prozent der Bewohner Juden. Die Jodenbreestraat war ihre Einkaufsstraße. Ein großer Teil der Nordseite wurde 1955 leider abgerissen, wodurch sie ihren Charme verlor. Das erste Haus in dieser breiten Straße ist weltberühmt.

MUSEUM REMBRANDTHUIS

Rembrandt Harmenszoon van Rijn, der größte Maler Hollands, bewohnte das Haus Nr. 4-6 der Jodenbreestraat fast 20 Jahre lang, heute befindet sich hier ein ihm gewidmetes Museum. Als sich Rembrandt entschloss, in Amsterdam zu wohnen, mietete er ein Haus an der Ecke der späteren Jodenbreestraat. Es gehörte dem Kunsthändler Hendrick van Uylenburg. In diesem Haus lernte der damals noch unbekannte Rembrandt auch seine erste Frau Saskia kennen, verwaiste Tochter des früheren Bürgermeisters von Leeuwarden und Verwandte seiner Vermieter. Für Rembrandt war es eine vorteilhafte Hochzeit, denn Saskia hatte Vorfahren in den vornehmsten Familien Frieslands und eröffnete dem Gatten den Zugang zu der großbürgerlichen Kaufmannsschicht Amsterdams. Rembrandt und Saskia lebten zuerst getrennt in zwei verschiedenen, gemieteten Häusern, bevor sie in ein Haus zogen, das neben dem ersten Wohnhaus des Malers stand. 1639 entschloß sich Rembrandt nämlich, das Nachbarhaus in diesem neuen Viertel Amsterdams, das sich nach Osten auszudehnen begann, zu kaufen. Das Rembrandthaus wurde 1606 als zweistöckiges Bürgerhaus erbaut und kostete ihn 13.000 Gulden; kein sehr hoher Betrag, den er aber trotzdem nie vollständig abbezahlen konnte. In diesem Haus verbrachte Rembrandt sei-

Der Innenhof des Museums Rembrandthuis.

Vorhergehende Seite: Die Fassade des Rembrandthauses.

ne Glanzzeit. Bald war er zu einem berühmten Künstler aufgestiegen, dem man bedeutende Aufträge erteilte. Er wohnte im Erdgeschoss und benutzte den ersten Stock als Atelier, im Dachgeschoss ließ er seine Schüler und Gehilfen arbeiten.
Rembrandt, als leidenschaftlicher Sammler, füllte das Haus mit den verschiedenartigsten Kostbarkeiten, allein im Erdgeschoss gelang es ihm, mehr als 100 Gemälde unterzubringen; in den anderen Räumen häufte er Zeichnungen, Keramiken, japanische Waffen, Muscheln, Korallen und selbst exotische Kleidungsstücke an. Es waren intensive und glückliche Jahre, die aber bald zu Ende gehen sollten. Nur Titus, das jüngste seiner vier Kinder überlebte und 1642 starb die kränkliche, nur 32 Jahre alte Ehefrau Saskia, während die finanzielle Situation des Malers kritisch wurde. 1645 verheiratet sich Rembrandt wieder. Seine zweite Frau, die energische Hendrickje Stoffels, versucht die finanzielle Lage ihres Mannes wieder in Ordnung zu bringen, doch inzwischen ist es aussichtslos, Rembrandt kann seine Schulden nicht mehr bezahlen. Zwischen 1657 und 1658 muss er seine Sammlungen (zu einem Schleuderpreis) sowie sein Haus verkaufen. Die Familie zieht in das ärmliche Jordaan-Viertel, und die Frau eröffnet zusammen mit dem Sohn Titus einen Laden für Kunstobjekte. Rembrandt verlässt so das Jüdische Viertel, in dem seine unerreichbaren Meisterwerke, darunter die weltberühmte *Nachtwache*, entstanden waren. Das Haus in dem er gelebt hatte, erfuhr grundlegende Umbauten. 1660 wurde ihm ein weiteres Stockwerk aufgesetzt und die Fassade dem klassizistischen Stilempfinden angepasst.
1906, anlässlich des dreihundertsten Geburtsjahres Rembrandts, kaufte die Stadt Amsterdam das Haus, um es als Museum auszubauen. Die Eröffnung fand 1911 statt.

Das Atelier des Künstlers im Rembrandthuis.

Das Innere - Bei der sorgfältigen Restaurierung von 1999 hat man versucht, dem Inneren das Aussehen zu geben, das es gehabt haben mag, als der Meister dort lebte. Man stellte Möbel des 17. Jh. auf und dekorierte es im Geschmack jener Zeit. Die Atmosphäre des Museums ist sehr eindrucksvoll, alle Fenster wurden abgedunkelt und auch die Beleuchtung ist gedämpft, um Schäden an den großartigen Radierungen zu vermeiden.
Im neuen Flügel des Hauses hängt die weltweit einzige vollständige Sammlung der Radierungen Rembrandts. Im Museum sind auch Werke von Rembrandts Zeitgenossen ausgestellt, von seinen Schülern und seinem Lehrer Pieter Lastman.

Das Stadhuis-Muziektheater am Waterlooplein.

Das massige Bauwerk wird von den Einwohnern Amsterdams bissig als "Stopera" bezeichnet, eine Zusammenziehung aus Stadhuis und Oper, die auch "stop der Oper" bedeutet.

Das Rembrandthaus verlassend, setzt man seinen Weg auf der Jodenbreestraat fort, auf der linken Seite der Straße öffnet sich eine Unterführung, die zur **Uilenburg** führt, einem der ärmsten Viertel des 16. Jh. Hier lebten die mittellosesten Neuankömmlinge, Großfamilien mit zehn oder mehr Kindern drängten sich in baufälligen Häusern zusammen. 1926 begann man damit, das gesamte Viertel in großem Stil zu sanieren.
In der Nieuwe Uilenburgerstraat, in der Nähe einer Synagoge, steht die große Diamantschleiferei Gassan, die nach langjähriger Schließung und umfassender Neuorganisation 1989 wiedereröffnet wurde. Jetzt kehren wir auf die Jodenbreestraat zurück und gehen in Richtung Waterlooplein.

WATERLOOPLEIN

Umfangreiche Baumaßnahmen haben diesem weiten Platz, dem einstigen Kern des jüdischen Viertels, ein neues Gesicht gegeben. Heute steht hier das neue **Stadhuis-Muziektheater**, also das Rathaus und die Oper. Die zahlreichen Kritiker dieser kontroversen Architektur sprechen nur von der "Stopera".

DER FLOHMARKT

Der berühmteste Markt Amsterdams auf dem Waterlooplein kann wirklich alles bieten. In einem unvergleichlichen Wirrwarr und zwischen unaufhörlichem Feilschen wird man versuchen, Ihnen ein nicht mehr funktionstüchtiges Grammophon, kaputte Schallplatten, abgenutzte Bücher, gebrauchte Anzüge oder beschädigten Nippes zu verkaufen. Aber, falls Sie Geduld und Glück haben, gelingt es Ihnen vielleicht, genau den Gegenstand zu finden, den Sie seit Jahren vergeblich suchen. Aber hoffen Sie nicht zu sehr, große Geschäfte machen zu können, denn die Händler hier kennen den Wert ihrer Ware genau. Das ist auch nicht verwunderlich, bei der über hundertjährigen Geschichte des Marktes. 1883, als der Waterlooplein gegen die häufigen Überschwemmungen der Amstel abgesichert wurde, weihten die ersten jüdischen Händler den Flohmarkt ein. Den ganzen Vormittag hindurch ist der Flohmarkt voll von Leuten, die schreien, feilschen, kaufen und sich ruinieren, nur um die Scherben einer glorreichen Vergangenheit, oder das fehlende Küchengerät, das im Geschäft noch zu teuer ist, zu erstehen. Kurz, der Flohmarkt ist der geeignete Ort, um ein Paar Stunden ziellos durch die Menge zu bummeln.

Wenn man sich vom Waterlooplein kommend nach links wendet, findet man am Platzrand zum Mr. Visserplein hin, die klassizistische Moses- und Aaronkirche.

Waterlooplein - Denkmal der Juden, die während des Zweiten Weltkrieges fielen.

Der Flohmarkt auf dem Waterlooplein wurde 1883 gegründet.

Moses- und Aaronkirche - diese beiden biblischen Gestalten befanden sich ursprünglich am Giebelfeld des Hauses, aber heute an der Rückseite der Kirche; unten die klassizistische Fassade.

MOZES EN AÄRONKERK

Die Geschichte dieser Kirche ist äußerst ungewöhnlich. Sie stammt aus der Zeit in der, nach dem Triumph der Reformation, der katholische Glauben verfolgt wurde. Ein tieffrommer und reicher Katholik mit Namen Boelenzs erwarb von einem jüdischen Kaufmann das Moses- und Aaron-Haus an der Ecke der Jodenbreestraat und verwandelte es in eine geheime Kapelle, in der sich die Glaubensgenossen treffen konnten. Im Laufe der Jahrhunderte wurde die Kirche immer mehr erweitert, bis sie die heutigen Ausmaße erreichte. Geweiht wurde sie erst 1841, nachdem ein belgischer Architekt die klassizistische **Fassade** mit den vier mächtigen Säulen, über denen eine *Christusstatue* thront, geschaffen hatte. Seitlich vom Giebelfeld mit Balustrade erheben sich die beiden Zwillingstürme. Das Innere ist in schwerem Barockstil ausgestattet, doch in der Moses- und Aaron-Kirche werden schon lange keine Gottesdienste mehr abgehalten. Sie ist inzwischen eine Art soziales Zentrum, in dem Yogakurse, Konzerte, Kundgebungen und Kunstgewerbemärkte veranstaltet werden. Auch ist sie Anlaufstelle für ausländische Arbeitnehmer, die hier Beistand finden, wenn sie in Schwierigkeiten stecken. Im Oktober werden aus Anlass des Weltjahrestages der Tiere in die weiten Räu-

Die portugiesische Synagoge.

me der Mozes en Ääronkerk die verschiedenartigsten Tiere gebracht.

Von der Moses- und Aaron-kirche aus gehen wir nun auf den **Mr. Visserplein**, ein weiter rechteckiger Platz, an dem sich die bedeutendsten Amsterdamer Synagogen erheben. Beim Rundgang um den Platz kommen wir auf der rechten Seite am Huiszittenhuis vorbei, einem ehemaligen Hospiz, in dem die Stadt die Armen speiste. Im Haus **Nr. 61** des Mr. Visserplein wurde 1632 als Sohn eines jüdisch-portugiesischen Händlers Spinoza geboren, einer der bedeutendsten Denker der westlichen Welt.

DIE PORTUGIESISCHE SYNAGOGE

Dies ist eine der schönsten Synagogen der Welt, sie wurde zwischen 1671 und 1673 von Elias Bouman erbaut. Ihr gigantischer Würfel aus dunkelroten Backsteinen ist von einer dichten Reihe niedriger Häuschen umgeben. Die südöstliche Fassade zeigt in Richtung Jerusalem und die gesamte Struktur soll dem Tempel Salomons gleichen.

Das Innere - Die weitläufige barocke Halle übderdecken drei hölzerne, von vier Säulen gestützte Tonnengewölbe. Von den Gewölben hängen große Kronleuchter, die zu den jüdischen Feierlichkeiten erleuchtet werden. Die **Frauenempore** stützen zwölf Säulen, die die Zwölf Stämme Israels symbolisieren. Von Bedeutung ist auch der *Schrein,* in dem die Thora aufbewahrt wird.
Die niedrigen Häuser, die die portugiesische Synagoge umgeben, enthalten eine der berühmtesten Bibliotheken der Welt, **Ets Haim** oder "Lebensbaum" genannt; dort kann man in die wertvollen Bücher einsehen, die die komplexe Geschichte der spanischen und portugiesischen Juden behandeln.

Das Standbild des Hafenarbeiters auf dem Jonas Daniël Meijerplein.

Unten: Das Jüdische Historische Museum und der Stern Davids an einem der Eingänge.

Das Standbild des Hafenarbeiters - Bei diesem Werk von Mari Andriessen geht die Bedeutung weit über den künstlerischen Wert hinaus, denn mit dieser Statue wollte Amsterdam den mutigen Hafenarbeitern, die 1941 gegen die ersten Judendeportationen nach Deutschland in Streik getreten waren, ein Denkmal setzen. Die ganze Stadt blieb damals, dem Beispiel der Hafenarbeiter folgend, stillgelegt, und noch heute versammeln sich die Amsterdamer jedes Jahr am 25. Februar bei diesem Standbild.

JOODS HISTORISCH MUSEUM

Das 1987 eingeweihte Jüdische Historische Museum am Jonas Daniël Meijerplein setzt sich aus vier Aschkenazim-Synagogen des 17. und 18. Jh. zusammen. Sie wurden zwischen 1980 und 1990 wundervoll restauriert und mit überdachten Gängen verbunden. Die vier Bauwerke nennen sich die Große Synagoge (1671), die Obere Synagoge (1685), die Dritte Synagoge (1700) und die Neue Synagoge (1752).
Das Museum dokumentiert in Themenkreisen die verschiedenen Aspekte der Geschichte und Kultur des Judentums.
In der **Großen Synagoge** wird der *Heilige Schrein* aus weißem Marmor aufbewahrt, den der Rabbiner Abraham Auerbach bei der Eröffnung des Tempels stiftete.
In den Vetrinen findet man Kultgegenstände, Silbergerät, Gewänder und einen Thoramantel des 17. Jh. In einem Seitenraum wird ein *Mikveh* aufbewahrt, ein Becken für die rituellen Bäder.
Den Stolz der **Neuen Synagoge** macht der hölzerne *Heilige Schrein* aus, der aus Enkhuizen stammt. Interesse verdient auch das Hoggadah-Manuskript mit schönen Miniaturen, die 1734 Joseph von Leipnik ausführte.

Singelgracht
•S. 71

Begijnhof
•S. 68

Bloemenmarkt
•S. 71

Magere Brug
•S. 76

Kalverstraat • Amsterdams Historisch Museum • Begijnhof • Bloemenmarkt • Muntplein • Munttoren • Tuschinski Theater • Rembrandtplein • Blauwbrug • Magere Brug • Das Willet-Holthuysen Museum • Hermitage Amsterdam • Das Antiquitätenviertel

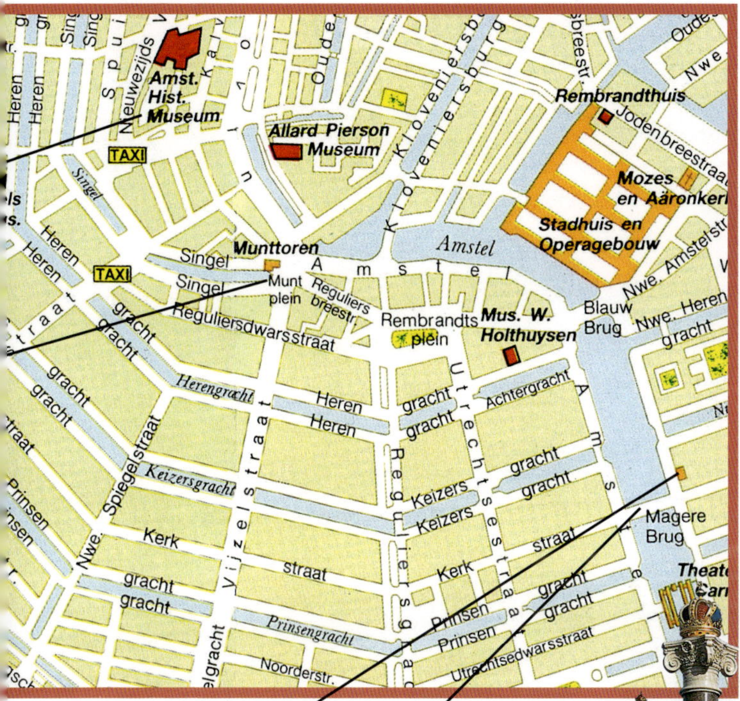

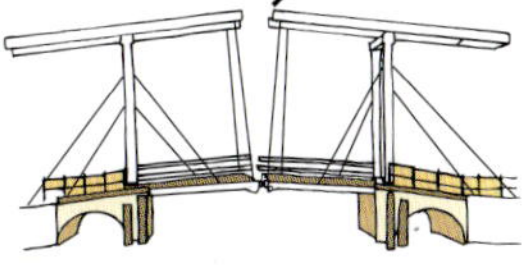

Hermitage Amsterdam
•S. 78

Blauwbrug
•S. 75

KALVERSTRAAT

Sie ist die belebteste Straße Amsterdams. Samstags schieben sich die Menschen durch diese für den Verkehr gesperrte Geschäftsstraße, die den Dam mit dem Muntplein verbindet.
Es ist eine der ältesten Straßen, schon 1393 trieben die Viehzüchter ihre Tiere auf diesem Weg zum Markt auf dem Dam. Daher entstanden dort auch in jenen Jahren die frühesten Geschäfte und Werkstätten. Die ersten waren die Metzger, denen aber bald Schuhmacher, Zimmerleute und Korbflechter folgten. Schon 1800 existierten rund 200 Geschäfte in der Kalverstraat, die in den letzten Jahren zum bevorzugten Einkaufsziel für Hunderttausende geworden ist.
Die Kalverstraat hat mit der Zeit einen großen Teil ihres Zaubers verloren, da sie sich, inzwischen angefüllt mit Kaufhäusern, Fast-Food-Läden und Boutiquen, kaum noch von anderen Einkaufsstraßen Europas unterscheidet, mit Ausnahme des Hauses Nr. 183, der "Maison de Bonneterie". Hier eröffneten im Jahre 1889 die jüdischen Kaufleute Josef Cohen und Rose Wittegenstein ein Strickwarengeschäft. Sie hatten Glück, schon 1911 nahm ihr Geschäft vollständig ein herrliches Gebäude ein. Der Krieg fegte sie aber hinweg und alle jüdischen Stoffhändler wurden von den Nazis gezwungen, ihre Waren in der alten Maison de Bonneterie einzulagern. Zwei Tafeln am Eingang zu jedem Stockwerk erinnern heute an die Firmengründer und an das im Zweiten Weltkrieg gefallene Personal. Heute ist die Maison de Bonneterie ein elegantes, im Stile des ausgehenden 19. Jh. ausgestattetes Kaufhaus. In den geräumigen Galerien und in den großen Sälen finden sich Kleidungsstücke bester Qualität und Markenkonfektion. Im Inneren gibt es auch ein kleines Café mit der Fensterfront zum Rokin.

AMSTERDAMS HISTORISCH MUSEUM

Auf der Höhe der Nr. 92 Kalverstraat führt ein Steinbogen aus dem Jahre 1592 in die Innenhöfe von Amsterdams ehemaligem Waisenhaus (Burgerweeshuis), das heute das Historische Museum der Stadt beherbergt. Das Gebäude wurde als ein der hl. Lucia gewidmetes Kloster errichtet, diese Funktion erfüllte es von 1414 bis 1578. In letzterem Jahr erfuhr das Haus seine erste große Umwandlung, weil es von da an als Waisenhaus diente. Dieser Funktion blieb es vier Jahrhunderte lang treu, bis 1960. Nach fünfzehnjähriger Schließung öffnete es 1975, pünktlich zur 700-Jahr-

feier Amsterdams, diesmal als eindrucksvoller Sitz des Historischen Museums, wieder die Tore. Durch den Bogen an der Kalverstraat (in den Verse des Dichters Van den Vondel eingemeißelt sind) gelangt man in den **Hof der Buben**. Auf der linken Seite kann man einige Schränke sehen, in denen die Waisenkinder am Ende ihres Werktages Arbeitskleidung und Werkzeug verwahrten, während auf der rechten Seite im alten Getreidespeicher des Klosters jetzt ein Restaurant "Inde Oude Goliath" eröffnet hat. Sein Inneres wird von einem mächtigen*Goliath,* flankiert von einem kleinen *David*, beherrscht. Dieser Goliath war zwischen 1650 und 1682 die Hauptattraktion des Amsterdamer Vergnügungsgeländes, dank einer einfachen Mechanik, die ihn die Augen rollen und mit dem Kopf wackeln ließ.

Vom **Hof der Mädchen** aus, der auf den der Buben folgt, erreicht man das Museum.

Amsterdams Historisch Museum - dekorative Tafeln am Eingang der Kalverstraat.

Amsterdams Historisch Museum - das Eingangsportal vom St. Luciensteeg.

Amsterdams Historisch Museum, vorhergehende Seite: der Eingangsbogen an der Kalverstraat.

Das Innere - Das Amsterdamer Historische Museum dokumentiert die Geschichte der Stadt von der Frühgeschichte bis in unsere Tage. In zahlreichen Sälen wird von dem stürmischen Wachstum Amsterdams, seinem Hafen, den Reichtümern des "goldenen Jahrhunderts" und von den bescheidenen Dingen des täglichen Lebens berichtet, ohne dabei den ständigen Kampf der Einwohner gegen das Meer zu vergessen.
Das 1999 vollständig restaurierte Museum enthält in einem Flügel interaktive Anlagen, mit denen die jüngste Stadtgeschichte von 1815 bis heute präsentiert wird.
Vergessen Sie nach dem Museumsbesuch nicht, einen Blick aus dem anderen Eingang des Gebäudes hinauszuwerfen. Dort, am St. Luciensteeg, befinden sich in der linken Wand 22 Amsterdamer Wappen.
Noch vor dem Hof der Mädchen gelangt man durch eine verglaste Passage, der **Galerie der Bürgerwehr**, zum Eingang des Begijnhofes. In keiner anderen Stadt der Welt werden wie hier kostbare und geschichtsträchtige Bilder dem Publikum in einer öffentlichen Passage gezeigt. Die Galerie der Bürgerwehr enthält Gemälde, auf denen Angehörige der städtischen Miliz abgebildet sind. Sie sollten im 14. Jh. die Kaufleute schützen.

Amsterdams Historisch Museum - vorhergehende Seite: Details vom Hof der Buben.

Amsterdams Historisch Museum - zwei Ansichten des Hofs der Mädchen und unten rechts der Eingang zur Galerie der Bürgerwehr.

Begijnhof - der Eingang von der Gedempte Begijnensloot aus.

BEGIJNHOF

Dies ist ein Ort des absoluten Friedens, eine idyllische Oase, ein unerwarteter Zufluchtsort nach dem Trubel der Kalverstraat. Wenn man aus der Galerie der Bürgerwehr herauskommt, findet man auf der rechten Seite ein Eisengitter. Dies ist einer der Eingänge zum Begijnhof in der Gedempte Begijnensloot. Man kommt in einen weitläufigen **Innenhof** mit einem gepflegten Rasen in der Mitte, um den sich eine ganze Reihe kleiner, sehr gepflegter Häuser gruppiert. Ältere Damen, die spazierengehen oder in ihrem Garten Tee trinken, überall Blumen, eine Atmosphäre von unglaublicher Freundlichkeit und zwei Kapellen, die sich gegenüberstehen, das ist der Begijnhof. Der Hof wurde im Jahre 1346 von den Betschwestern gegründet, Frauen, die in religiöser Gemeinschaft, jedoch ohne strenge Klosterregeln zusammenleben wollten. Sie legten keine Gelübde ab und verhielten sich wie Laienschwestern, jede behielt ihr eigenes Häuschen, ihren kleinen privaten Besitz und ihre Freiheit, sie widmeten ihr Leben aber den Armen und den Kranken.

Begijnhof - der gepflegte Innenhof mit seinen Häusern.

Begijnhof - gegenüber dem Holzhaus steht die Bronzestatue einer Betschwester.

Nach der protestantischen Reformation (1578) nahm man den Betschwestern ihre Kirche weg und gab sie den Presbyterianern; sie steht noch heute in der Mitte des Begijnhofes. Der Protestanten konnten die Gemeinschaft der Betschwestern jedoch nicht beugen, sie blieben katholisch und behielten auch ihren Gottesdienst bei, der immer in einem anderen Haus gefeiert wurde, damit man sie nicht entdeckte. Die **Katholische Kapelle**, die sich vor der englischen **Presbyterianischen Kirche** befindet, ist ein solches Haus, das in einen Kultraum umgewandelt wurde.
Die Nr. 34 des Begijnhofes ist das **älteste Haus Amsterdams** und außerdem eines von den beiden Holzhäusern, die sich noch erhalten haben, nachdem 1521 eine städtische Verordnung das Bauen von Häusern mit brennbarem Material untersagt hatte. Das Haus Nr. 34 stammt aus dem 15. Jh. und in der sich anschließenden Sackgasse findet man einige schöne Reliefs mit biblischen Themen. Jedes Jahr am 2. Mai werden

Begijnhof - das älteste Holzhaus der Stadt (um 1420).

Begijnhof - neben dem Haus Nr. 34 Reliefs mit biblischen Themen und das Portal, das sich auf den Spui öffnet.

den Besuchern des Begijnhofes die Blumen auf einem dunklen Stein an der Seite der englischen Kirche auffallen. Es ist das schlichte *Grab der Cornelia Arents.* Bei ihrem Tod bat diese Betschwester um ein Begräbnis ohne Prunk, um die Schuld ihrer Familie abzubüßen, die zum Protestantismus übergetreten war. Gegen ihren Wunsch bestattete man sie zunächst in der Kirche. Am nächsten Morgen fand man jedoch den Sarg mit dem Körper Cornelias vor dem Gotteshaus. Dies wiederholte sich dreimal, bis man den letzten Willen der Betschwester schließlich respektierte.

Heutzutage leben die Betschwestern nicht mehr hier. Die letzte starb im Jahre 1971 und der Begijnhof beherbergt heute bedürftige und alleinstehende ältere Damen, die nur eine symbolische Miete zahlen. Neben dem alten Holzhaus befindet sich ein Ausgang, der auf den **Spui** genannten Platz führt.

Gegenüber steht das **Maagdenhuis** (das Jungfrauenhaus), einst ein katholisches Waisenhaus, das 1787 erbaut wurde. Heute gehört es zur Amsterdamer Universität. Wenn man rechts an dem Spui entlanggeht, bewegt man sich in einem der geistigen Zentren dieser Stadt. In der Mitte des Platzes befindet sich eine kleine Statue, **Het Lieverdje**, der freche Lausbub Amsterdams, ein Symbol der ironischen Kultur dieser Stadt. Im Rücken der Statue befindet sich eine der besten Buchhandlungen Amsterdams, das "Athenaeum" und ein beliebtes Café, das "Hoppe", ständig überfüllter Treffpunkt für Studenten und Künstler und oft von Schriftstellern und Journalisten besungen. Die erste Straße rechts vom Hoppe, der Heisteeg, führt zum **Singel**, dem innersten der Amsterdamer Kanäle.

Die Statue des kleinen Lausbuben auf dem Spui ist ein Werk von Carel Kneulman.

Das malerische Café Hoppe wird von Künstlern und Intellektuellen emsig besucht.

BLOEMENMARKT

Der farbenprächtige Blumenmarkt findet jeden Tag auf etwa 15 Lastkähnen statt, die auf dem Singel schwimmen, wenige Schritte vom Munttoren.
Wahrscheinlich entstand er in der 2. Hälfte des 19. Jh., als die Gärtner ihre Schnittblumen direkt von den Kähnen aus verkauften und dann wieder nach Hause schifften.
Heute ist er der einzige Blumenmarkt Amsterdams, den nicht nur die Touristen auf der Suche nach Tulpenzwiebeln besuchen, sondern auch die Amsterdamer selbst, die große Pflanzenliebhaber sind. Der Bloemenmarkt ist ein wahrer Blumenbazar, lebhaft und bunt, wo man neben Tulpen auch alle anderen Zimmer- und Gartenpflanzen finden kann, von exotischen Bananenstauden über Yuccas, Kokospalmen und Papyrusstauden bis zu den Bonsaibäumchen.

MUNTPLEIN

Am Ende des Blumenmarktes befindet sich der Muntplein, einer der lebhaften Verkehrsknotenpunkte der Stadt, hier treffen sieben Straßen aufeinander, darunter einige der berühmtesten wie die Kalverstraat, der Rokin und die Reguliersbreestraat.

Auf dem Muntplein, der eher eine große Brücke zwischen dem Singel und der Amstel bildet als dass er ein richtiger Platz wäre, fällt der **Munttoren**, der Münzturm ins Auge. Es ist ein barocker Torturm, von dem Architekten Hendrick de Keyser an der Stelle errichtet, an der einst eines der ältesten Stadttore Amsterdams, die Regulierspoort, stand. Als das Heer Ludwigs XIV. 1672 in Holland einfiel, beschloss die holländische Regierung, die staatliche Münze von Utrecht, das von den Franzosen besetzt war, nach Amsterdam zu verlegen, wo sie in diesem Turm untergebracht wurde, der zum umfangreichen Verteidigunssystem der Stadt gehörte. Der Munttoren wurde durch einen der zahlreichen Brände Amsterdams zerstört. Es erhielt sich nichts als ein Stumpf, auf dem dann ein kleines Türmchen errichtet wurde, das noch heute aus dem Verkehrsgewühl des Muntplein hervorragt.

Muntplein - der mächtige Munttoren oder Münzturm.

Heute beherbergt der Munttoren eines der besten Geschäfte für Delfter Keramik, "De Proceleyne Fles" genannt, das einzige in Amsterdam, in dem es möglich ist, jedes einzelne Stück der großen Produktion aus der Delfter Manufaktur zu finden.

Skulpturendekoration am Munttoren.

In den Muntplein mündet auch die **Reguliersbreestraat**, eine andere "heiße" Straße Amsterdams. Mit dieser modernen Geschäftsstraße beginnt das Homosexuellenviertel der Stadt, hier befinden sich die bevorzugten Treffpunkte der holländischen Homosexuellenszene sowie italienische Pizzerien, Fast-Food-Läden und Videospielhallen. In der parallelen **Reguliersdwarsstraat** trifft man hingegen auf ein völlig anderes Ambiente. Dort versäumen Sie nicht, in einen für Touristen recht ungewöhnlichen Ort hineinzuschauen, nämlich das **Tuschinski Theater**, eine raffinierte Mischung aus Art Déco und Amsterdamer Architektur. Treten Sie ohne zu zögern ein, in der großen Halle können sie sich setzen und eingelullt von der Atmosphäre exotischer Teppiche, feiner Dekorationen und raffinierter Details einen Kaffee trinken. Seit es im Jahre 1921 eingeweiht wurde, hat das Tuschinski seine Anziehungskraft nicht verloren. Es ist das Werk eines großen Theaterpioniers, des jüdischen Polen Abraham Tuschinski, der mit peinlicher Genauigkeit die Ausführung jeder Einzelheit dieses Kinopalastes überwacht hat. Seine *Büste* ist zusammen mit denen der beiden ersten Besitzer, Ehrlich und Gerschtanowitz, hinter der Theke der Bar vor einem besternten blauen Hintergrund plaziert. Tuschinski konnte den Nazis nicht entfliehen und starb 1942 in Ausschwitz, aber sein Kino-Theater ist heute noch einer der phantastischsten Säle Europas.
Die Reguliersbreestraat mündet in den Rembrandtplein.

Tuschinski Theater - Details der Fassade im Art Déco-Stil.

REMBRANDTPLEIN

Dieser lebhafte Platz ist ein nimmermüdes Zentrum des lärmenden Nachtlebens und zusammen mit dem Leidseplein eines der pulsierenden Herzen Amsterdams. Aber während der Leidseplein Treffpunkt der Jugendlichen mit Straßenspektakeln und neuartiger Musik ist, füllen den Rembrandtplein Musikcafés, Restaurants, Nachtklubs, Diskotheken und Stripteasebars. Auf dem Rembrandtplein fand früher ein berühmter Markt für Geflügel und Milchprodukte statt. Man kannte ihn deshalb auch als den Botermarkt (Buttermarkt). Er entwickelte sich zu einem Treffpunkt, zu einem Platz ausgelassenen Durcheinanders und konnte sich diese Atmosphäre auch noch bewahren, als der Markt nicht mehr abgehalten wurde. 1876 wechselte er den Namen, als hier die 1852 von Royer geschaffene **Rembrandtstatue** aufgestellt wurde. Auf dem Rembrandtplein und dem angrenzenden **Thorbeckeplein** befinden sich bekannte Lokale wie das Old Bell, das berühmte Schiller - vor dem Krieg Treffpunkt der jüdischen Intellektuellen -, das Rhapsody und der schillernde Rosa Elefant sowie gute Restaurants für jeden Geschmack und Geldbeutel. Der Rembrandtplein scheint in dem was er uns zu bieten hat keine Grenzen zu kennen, sogar die kleinste **Polizeistation** (an der Ecke Reguliersbreestraat) der Welt gibt es hier, eine Gasse, den Halvemaansteeg mit einigen der bestbesuchtesten Homosexuellencafés der Stadt und die etwas finstere *Thorbecke-Statue*, das Denkmal eines Staatsmannes des 19. Jh., die einen starken Kontrast zu der lebhaften und vibrierenden Atmosphäre des Rembrandtplein bildet.

Die Rembrandtstatue und die zahlreichen Straßencafés am Rembrandtplein.

Nur noch wenige Meter trennen uns hier von der Amstel, dem Fluss, an dem der älteste Stadtkern entstand, einer der faszinierendsten Orte Amsterdams.

BLAUWBRUG

Die Blaue Brücke verdankt ihren Namen einer früheren Brücke. Sie war aus Holz und mit dem charakteristischen Blau der holländischen Fahne bemalt. Als zwischen 1880 und 1883 die neue Brücke, die eine Kopie der Pariser Brücke Alexanders III. ist, errichtet wurde, blieb der Name bestehen. Die etwas eigenwillige architektonische Entscheidung löste damals heftige Diskussionen unter der Amsterdamer Bevölkerung aus, die an die Manieriertheit der neuen Brücke, in scharfem Kontrast zu der reinen Funktionalität der anderen Brücken, nicht gewöhnt war.

Die Amstel-Brücke Blauwbrug trägt skulpturale Dekorationen und monumentale Laternen, die an die Brücke Alexanders III. in Paris erinnern.

MAGERE BRUG

Die Blauwbrug hat einen unbequemen Nachbarn, die **Magere Brug**. Man sieht sie, wenn man die Amstel flussaufwärts schaut. Sie ist die meist fotografierte Brücke der Stadt und die letzte der unzähligen Holzbrücken Amsterdams, die einst die Kanäle überquerten. Die über 80 Meter lange Zugbrücke befindet sich ständig in Bewegung, um den Lastkähnen auf der Amstel die Durchfahrt zu ermöglichen. Als sie gebaut wurde, war sie jedoch nichts weiter als ein schmaler Fußgängersteg, wahrscheinlich hieß sie deshalb die "Magere Brücke". Es wird auch erzählt, dass es die beiden Schwestern Mager waren, die darauf drängten, dass die Fußgängerbrücke über die Amstel gebaut wurde, weil sie auf den entgegengesetzten Ufern wohnten und den langen Umweg zueinander vermeiden wollten. Was auch immer der Ursprung sein mag, die Magere Brug ist die berühmteste der Stadt und besonders malerisch, wenn sie abends erleuchtet wird. 1722 baute man sie zu einer doppelten Zugbrücke aus und auch die heutige, 1969 erneuert, wird immer noch per Hand betrieben.

Die malerische Magere Brug, die bekannteste Zugbrücke der Stadt.

WILLET-HOLTHUYSEN-MUSEUM

Wir treten durch den Hintereingang ein, durch die kleinen Ziergärten an der Amstelstraat. Der Haupteingang ist auf der anderen Seite, Nr. 605 der Herengracht und das Willet-Holthuysen-Haus ist ein gutes Beispiel für die herrlichen Villen am "Herrenkanal".
Das Haus wurde 1687 für den Diplomaten und Stadtrat Jacob Hop erbaut und zwei Jahrhunderte lang von ehrgeizigen, großbürgerlichen Familien bewohnt. Unter den Besitzern war mit Willem Gideon Deutz van Assendelft auch einer der Bürgermeister Amsterdams, der mehrere Veränderungen an dem Gebäude vornehmen ließ. Nachdem die Villa schon einige Male den Besitzer gewechselt hatte, erbte sie 1858 eine junge Frau, Louisa Holthuysen, die mit Abraham Willet einen großen Kunstliebhaber heiratete. Dessen Kunstbegeisterung teilte seine Frau und verstärkte sie sogar noch, so dass Willet, bereits ein erfahrener Bibliophile, bald auch ein unermüdlicher Sammler von Keramiken, Gemälden, Silbergerät und kunstvollen Gläsern wurde.
Das Paar hatte keine Kinder und da sie die im Laufe ihres Lebens gesammelten Kunstschätze zusammenhalten wollten, vermachten sie ihren Besitz zusammen mit 200.000 Gulden der Stadt Amsterdam, mit der einzigen Auflage, dass ihr Haus in ein Museum umgewandelt werde, welches ihre Namen trüge. Am 1. Mai 1896 öffnete dieses kleine und außergewöhnliche Museum seine Pforten, jedoch ohne großen Erfolg. Von der Stadtverwaltung wurde es vernachlässigt, und man erzählt sogar, dass es der einzige Ort gewesen sei, an dem sich

Die Küche rekonstruierte man mit Möbeln aus anderen holländischen Häusern, das Schlafzimmer enthält heute eine Ausstattung aus dem frühen 19. Jh.

junge Paare ungestört treffen konnten. Erst vor kurzem wurde man sich seines Wertes bewusst, das Willet-Holthuysen-Museum ist das vollendete Beispiel eines Amsterdamer Bürgerhauses, Zeugnis eines jahrhundertealten, soliden Wohlstands. Es entspricht dem großbürgerlichen Lebensstil.

Das Innere - Die Atmosphäre dieses Hauses an der Herengracht ist unvergesslich. Der **Speisesaal** (in der von den Willers ausgesuchten Originalausstattung im Stile Louis XVI.), die **Küche** im Erdgeschoss mit Gerät aus dem 18. Jh., der **Blaue Saal** mit den mit Utrechter Samt bespannten Wänden und der **Garten** als Modell feinfühliger Landschaftsarchitektur des 18. Jh., tragen dazu bei, den Besuch im Hause Willet zu einer Reise zurück in die Glanzzeiten des intelligenten und kunstliebenden Amsterdamer Bürgertums werden zu lassen, kurz, ein faszinierender Ausflug in die gute alte Zeit.

HERMITAGE AMSTERDAM

Die am 19. Juni 2009 eröffnete Eremitage Amsterdam ist eine Zweigstelle und das größte Satellitenmuseum der Eremitage in St. Petersburg in Russland. Sitz dieses Museums und Kulturzentrums ist der Amstelhof, ein klassischer Bau am Amstelufer und idealer Rahmen für Meetings und Konzerte; außerdem beherbergt es eine Bibliothek, ein Dokumentationszentrum, Konferenzräume, Büros und eine Reihe Fachgeschäfte für russische Kunst und Kultur. Der 1681 entstandene Amstelhof-Komplex war seiner Zeit das größte Gebäude in Amsterdam, in dem das erste Hospiz der Stadt Aufnahme fand. Das Projekt für den Wiederaufbau ist einem namhaften holländischen Architekturbüro, Hans van Heesweijk, zuzuschreiben, wogegen die Inneneinrichtung von Merkx + Girod entworfen wurde. Aber bereits vor der Eröffnung des Hauptmuseums waren seit dem 24. Februar 2004 einige kleinere Sammlungen in dem als Neerlandia bekannten angrenzenden Gebäude zu sehen. Neben zwei großen Ausstellungs-

Oben links, der Flur mit sechzehn Wanddekorationen von Paul Colin, die zum Teil Kopien nach berühmten französischen Malern des 18. Jh. sind. Oben rechts, der üppige französische Garten wurde 1972 auf das doppelte Ausmaß vergrößert.

sälen enthält das Museum mehrere kleine Räume mit Gemälden, Kleidungsstücken und anderen Werken aus dem Museum in St. Petersburg. Die Eremitage beherbergt außerdem zwei ständige Präsentationen, die jeweils den Beziehungen zwischen Russland und den Niederlanden sowie der Geschichte des Amstelhof-Gebäudes gewidmet sind. Wechselausstellungen werden gewöhnlich für eine Dauer von sechs Monaten geplant.

Hermitage Amsterdam.

Die Amstelkerk - die kleine Holzkirche an der Prinsengracht entstand im 17. Jh. nach einem Entwurf von Daniël Stalpaert.

Die Nieuwe Spiegelstraat.

Typische Antiquitätenläden im Gebiet der Nieuwe Spiegelstraat.

DAS ANTIQUITÄTENVIERTEL

Nach der Vijzelstraat der Herengracht folgend, geht man weiter am Kanal entlang bis zur **Nieuwe Spiegelstraat**, ebenfalls einer historischen Straße Amsterdams. Wahrscheinlich gibt es keinen anderen Ort der Erde, an dem man eine so große Zusammenballung von Antiquitätengeschäften finden kann. Die Straße ist nicht länger als 300 Meter, aber an die 100 Antiquitätenhändler haben darauf Platz gefunden und stellen ausgewählte Objekte aller Art aus, von seltenen Spieldosen bis zu Möbelstücken.
Die Nieuwe Spiegelstraat führt direkt zum **Rijksmuseum**. Ihre Geschichte ist aufs engste mit der des berühmtesten holländischen Museums verbunden. Nur zwei Jahre nachdem die Königin Wilhelmine 1885 das Rijksmuseum eingeweiht hatte, siedelte sich schon der erste Antiquitätenhändler auf diesem einzigen Zugangsweg zum neuen Museum, der noch unbebaut war, an. Dies war der auslösende Funke, immer mehr Antiquitätenläden kamen längs der Spiegelstraat hinzu; ein wahrer Boom setzte ein, der seinen Höhepunkt in den Sechziger und Siebziger Jahren erreichte.

Stedelijk Museum
•S. 98

Van Gogh-Museum
•S. 94

Rijksmuseum
•S. 90

Rijksmuseum
•S. 90

Stedelijk Museum
•S. 98

Leidseplein • Vondelpark • Concertgebouw • Museumplein • Rijksmuseum • Van Gogh Museum • Stedelijk Museum • Heineken Brouwerij • ***Die Amsterdamer Diamanten***

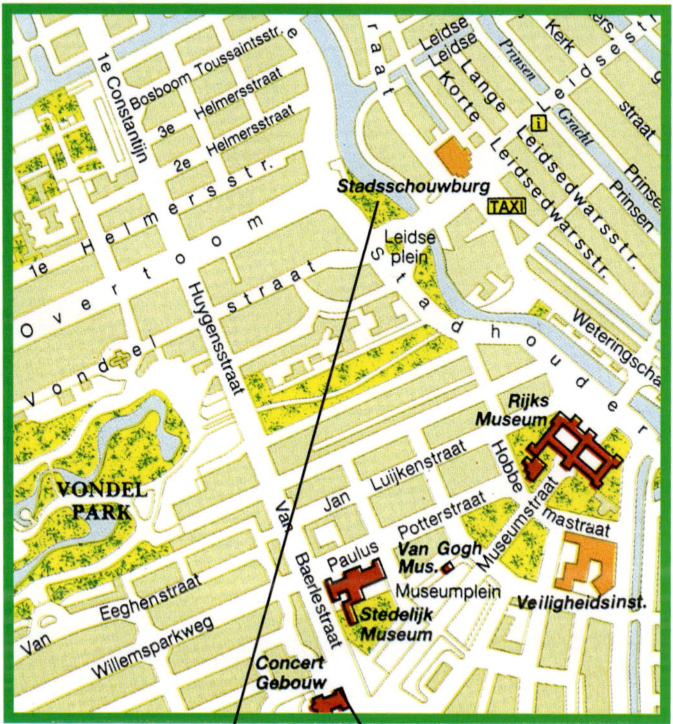

Concertgebouw
•S. 87

Stadsschouwburg
•S. 84

Die Stadsschouwburg, das städtische Theater an dem lebhaften Leidseplein.

Das berühmte American Hotel wurde 1897 von W. Kromhout gebaut.

LEIDSEPLEIN

Hier ist die ganze Welt zuhause. Ohne sich selbst bewegen zu müssen, kann man sie hier vorbeispazieren sehen, es genügt abzuwarten. Alles dreht sich um Cafés, Theater, Kneipen, Clubs, Treffpunkte jeder Art, legendäre Gasthäuser, Tavernen, Straßentheater, Mimen, Clowns, Jongleure, Afromusiker, harten Rock: der Leidseplein ist der ausgeflippteste Platz Europas. In der Mitte befindet sich die **Stadsschouwburg**, das städtische Theater und das AUB, ein Büro, das in der Lage ist, über jede Veranstaltung in Amsterdam zu informieren und Plätze zu reservieren. Vergessen Sie nicht, dem fantastischen **American Hotel** nebenan einen Besuch abzustatten, W. Kromhout baute es 1897, nach Abriss des Vorgängerbaus von 1882, in einem überwältigenden Jugendstil, mit architektonischen Elementen, die die Amsterdamer Schule vorwegnehmen. Sie sollten sich auch eine Ruhepause im *Café Américain* gönnen, eines der elegantesten Lokale der Stadt im Art Déco-Stil. Bis in die Details ist alles von äußerster Perfektion, von den Kandelabern bis zu den Fenstern, vom Mobiliar bis zu den Mosai-

Die eleganten Innenräume des Café Américain im Art Déco-Stil.

Bilder vom Leidseplein: der als Theater dienende Melkweg und das Paradiso, der Tempel der Rockmusik.

ken. Beachten Sie die seriösen Herren, die am Zeitschriftentisch ihren Tee nehmen, die meisten sind Journalisten oder Schriftsteller, die in diesem geschichtlichen Lokal Amsterdams "sich selbst" lesen. Auf dem Leidseplein finden Sie alles, von Shakespeare bis Striptease. Hier können Sie auch die mythischen Orte der jüngsten Amsterdamer Geschichte kennenlernen, das **Paradiso**, eine von den *Provos* in den 60er Jahren besetzte Kirche, die seither eine Kultstätte der Rockmusik ist und den im Lichterglanz erstrahlenden **Melkweg** auf der anderen Seite des Platzes, eine ehemalige Käsefabrik, die zu einem großen Improvisationstheater umgeformt wurde und jungen holländischen Künstlern als Bühne dient.

Das Denkmal des Joost van den Vondel, des berühmten Dichters, nach dem 1867 der Park benannt wurde.

VONDELPARK

Dies ist ein herrlicher, über anderthalb Kilometer langer und fast 50 Hektar großer Park. Wiesen, kleine Seen, Wasserspiele, ein Rosengarten und ein Teehaus schaffen mitten in der Stadt eine Traumwelt.
Man könnte ihn Amsterdams Bois de Boulogne nennen, sonntags schwärmen tausende von Städtern in Trainingsanzügen hierher. Sie fahren Rad oder Rollschuh, führen den Hund aus oder legen sich einfach ins Gras. Als er 1865 eröffnet wurde, war der Park nur 8 Hektar groß, heute kann man hier zahllose Arten von Bäumen und anderen Pflanzen sehen und frei lebende Tiere beobachten. In den 60er Jahren war der Vondelpark das nächtliche Ziel der weltenbummelnden *Hippies*. Ihr samstäglicher Markt lockte Schwärme von Neugierigen an.
Heutzutage veranstaltet man hier in den Sommermonaten Openairkonzerte sowie Attraktionen für Kinder und Kapellen stimmen Marschmelodien an.

Ein Blick in den vielbesuchten Vondelpark.

CONCERTGEBOUW

Im Jahre 1988, zum hundertsten Geburtstag des Konzertpalastes, wurden die umfangreichen Restaurierungsarbeiten an diesem inzwischen historischen Gebäude abgeschlossen. Das Concertgebouw verdankt seine Entstehen dem Stolz von sechs Geschäftsleuten, die von der bösen Ironie einer Zeitschrift (sie sprach den Amsterdamern jeden Kunstsinn ab, weil man mit der Kunst keine Geschäfte machen könne) tief getroffen worden waren. Das Fass vollends zum Überlaufen brachte Johannes Brahms, der, 1879 nach Amsterdam eingeladen, den holländischen Musikern die schlechteste Bewertung gab. Was zu viel war war zu viel, die sechs Männer gingen daran, das Gegenteil zu beweisen. Schon 1883 überwachten sie das Versenken des ersten der insgesamt 2186 Pfähle, auf denen das Concertgebouw schließlich ruhen sollte. Fünf Jahre später war das Gebäude fertiggestellt und am 3. November 1888 gab das neue Nationalorchester unter der Leitung von Willem Kes sein erstes Konzert. Kes leitete das Concertgebouw nur sieben Jahre lang, was aber ausreichte, im holländischen Volk eine tiefe Liebe zur Musik zu wecken. Sein Nachfolger, Willem Mengelberg, blieb ein halbes Jahrhundert im Amt, machte Mahler und Strauss bekannt und organisierte ein faszinierendes Mahler-Festival. Das Concertgebouw entwickelte sich bald zu einem beliebten Ziel für Orchester und Komponisten, auch wenn seine Säle nicht nur klassischer Musik vorbehalten blieben. Große Künstler wie Louis Armstrong, Count Basie, Lionel Hampton und Frank Sinatra sind im Concertgebouw aufgetreten, es kam sogar zu Rockkonzerten, darunter zu so sagenumwobenen Auftritten wie die Frank Zappas oder der Who. Heute veranstaltet man hier auch Konferenzen und politische und wirtschaftliche Zusammenkünfte.

MUSEUMPLEIN

Für Amsterdam ist dies viel mehr als ein Platz, mehr als ein baumbestandenes Dreieck am Rande des zentralen Kanalnetzes. Der Museumplein ist einmalig in Europa, ein Platz, den ein zukunftweisendes städtebauliches Projekt in ein Gelände verwandelt hat, das ausschließlich für Museen konzipiert wurde. So sind hier einige der bedeutendsten Museen Europas angesiedelt: das Rijksmuseum, ein weit verzweigtes Labyrinth mit riesigen Sammlungen; die umfangreiche Sammlung mit Werken von Vincent van Gogh im gleichnamigen Museum; das moderne und attraktive Stedelijk Museum, das Städtische Museum. In den letzten Jahren haben die Museen, die diesen schönen Platz einrahmen, groß angelegte Restaurierungen, Umbauten und Erweiterungen erfahren, sodass der Museumplein heute wieder wie "neu" erscheint, futuristisch und deutlich in eine Zukunft projiziert, von der große Initiativen zu erwarten sind.

WWW.RIJKSMUSEUM.NL

WWW.VANGOGHMUSEUM.NL

WWW.STEDELIJK.NL

RIJKSMUSEUM

Dies ist eines der reichhaltigsten Museen der Welt und mit Sicherheit für die die holländische Kunst des "goldenen Jahrhunderts" unübertrefflich. Man hat den Eindruck, als enthalte es unendlich viele Sammlungen, die alle Gebiete umfassen und jedermann begeistern. Um alles zu sehen, braucht man mehr als einen Tag. Sein wahrer Schatz, der einem auf Reproduktionen überall in Amsterdam begegnet, befindet sich im Raum 224, es ist das Meisterwerk Rembrandts, "Die Kompanie des Hauptmanns Frans Banning Cocq und des Leutnants Willem van Ruytenburch", besser bekannt als *Die Nachtwache*.

GESCHICHTE - Ihr wichtigstes Museum verdanken die Holländer einem Franzosen. Als das napoleonische Heer in Holland einmarschierte, bestieg Louis Bonaparte den Thron der späteren Niederlande. Einer seiner ersten Erlassse, vom 21. 4. 1808, betraf die Schaffung eines Nationalmuseums. Der nur kurze Zeit regierende König wollte Amsterdam zu einem Kunstzentrum von europäischem Rang ausbauen und beschloss, das Museum in den Sälen seiner Residenz, dem Königlichen Palais auf dem Dam, einzurichten. Louis Bonaparte beauftragte den ersten Direktor Johan Meerman de Viren en Delan, eine seinen Ambitionen entsprechende Sammlung zusammenzutragen. Der Direktor erfüllte diese

Rembrandt van Rijn:
Der Rat der Amsterdamer Textilweberzunft (1662).

Anweisungen sorgfältig, das Museum umfasste bei der Eröffnung 225 Gemälde, die aus der Den Haager Nationalgalerie und aus der Van Pot van Groeneveld Sammlung in Rotterdam, die für 100.000 Gulden erstanden wurde, stammten. Andere wichtige Gemälde waren schon im Besitz der Stadt Amsterdam und sind seither eine ständige Leihgabe an das Museum, zu diesen zählt Rembrandts Meisterwerk *Die Nachtwache*.

Rembrandt van Rijn: *Selbstportrait.*

Rembrandt van Rijn: *Die Nachtwache* (1642).

Bonapartes Königreich hielt nur zwei Jahre, aber dem Museum war eine dauerhaftere Zukunft bestimmt. Der neue König, Wilhelm I., veranlasste den Umzug der Sammlungen in eines der luxuriösesten Häuser Amsterdams, das Trippenhuis auf dem Kloveniersburgwal. Unter dem Namen Rijksmuseum wurde das Museum 1816 zum zweiten Mal eingeweiht. Von da an vermehrte sich der Bestand durch Erwerbungen und Schenkungen immer schneller und bald wurde deutlich, dass die Räumlichkeiten des Trippenhuis nicht mehr lange Schritt halten konnten.
1862 wurde der Wettbewerb für einen Museumsneubau ausgeschrieben, an dem 21 Architekten teilnahmen. Zehn Jahre später fiel die Entscheidung zu Gunsten von Pieter Cuypers. Am 13. Juli 1885 wurde das spektakuläre und gewaltige Backsteingebäude im neugotischen Stil eingeweiht. Damals stand es praktisch auf dem offenen Lande jenseits der Kanalringe, dort wo sich zuvor eine Mühle befand. Von Anfang an zeigte man im Rijksmuseum nicht nur Gemälde, sondern man erwarb und präsentierte auch asiatische Kunst und historische Sammlungen zur holländischen Geschichte. Außerdem wurde ein Kupferstichkabinett eingerichtet.
Für die Krönungsfeierlichkeiten der Königin Wilhelmine wurde eine große Rembrandtausstellung organisiert, durch die der Rang der *Nachtwache* erst so richtig hervortrat. Seit dem Kriegsende betreibt das Rijksmuseum eigene Forschungen und erneuert ständig seine Strukturen, so dass es als eines der aktivsten Museen Europas gelten kann.

Von 2003 bis 2013 wurde das Rijksmuseum gründlich wiederhergestellt und nach Plänen der spanischen Architekten Antonio Cruz und Antonio Ortiz neu gestaltet. Viele der alten Dekorationen im Innenbereich hat man bei dieser Gelegenheit restauriert und die Pflasterung der Innenhöfe entfernt. Während der Umbau- und Renovierungsarbeiten konnten nur rund vierhundert der eine Million umfassenden Werke der ständigen Sammlung ausgestellt werden; sie sind unter der Bezeichnung *Die Meisterwerke* in dem bereits fertig gestellten Gebäudetrakt, dem heutigen Philips-Flügel, zu sehen.

Jan Vermeer: *Das Milchmädchen* (1658).

VAN GOGH-MUSEUM

Das rechteckige Gebäude aus Glas und Sichtbeton bietet weite Innenräume mit großen, lichtdurchfluteten Sälen. Dieses moderne Bauwerk wurde von Gerrit Rietveld eigens für die Gemälde Van Goghs erbaut und 1973 eingeweiht. Es enthält die bei weitem größte und wichtigste Sammlung der Werke Van Goghs, die vom Bruder Theo und dessen Sohn Vincent-Willem gestiftet wurde und ist eines der Museen, deren Besuch man absolut nicht versäumen sollte. 1999 eröffnete man den neuen Flügel des japanischen Architekten Kisho Kurokawa, der die Ausstellungsmöglichkeiten des Museums erheblich erweitert hat und Wechselausstellungen dient.
Das Van Gogh-Museum besitzt 200 Gemälde des Künstlers, außerdem etwa 500 Zeichnungen und mehr als 700 Briefe. Beachtenswert sind auch die Gemälde und Skulpturen anderer Künstler des 19. Jh.

VINCENT VAN GOGH - Van Gogh kam am 30. März 1853 in Zundert, im holländischen Brabant zur Welt. Als Sohn einer protestantischen Pastorenfamilie folgte er zunächst dem väterlichen Vorbild und studierte Theologie, wurde sogar Hilfsprediger. Aber dies war nicht seine Berufung, die folgenden zehn Jahre seine Lebens widmete er vollständig der Malerei, die vier letzten Jahre verbrachte er in Frankreich. Er litt unter einer schweren Form der Epilepsie, hatte oft Haluzinationen und psychotische Anfälle. Während eines dieser Anfälle schnitt er sich sogar das Ohr ab.

Van Gogh Museum - Das neue transparente Eingangsgebäude, das in Übereinstimmung mit dem davor stehenden ellipsenförmigen Gebäude (Kurokawa, 1999) konzipiert ist. Links, ein Überblick auf die Museumsausstellungen.

Vincent van Gogh:
Die Kartoffelesser
(1885).

Vincent van Gogh:
Die Holzschuhe
(1888).

Vincent van Gogh:
Selbstportrait mit Filzhut (1887).

Von der Krankheit unablässig gequält, schoss er sich schließlich am 27. Juli 1890 in Auvers-sur-Oise bei Paris, der letzten Etappe seiner Wanderungen durch Frankreich, mit der Pistole in die Brust. Zwei Tage später war er tot.

Inneres - Das Museum besteht aus vier Stockwerken, im Souterrain befindet sich ein Auditorium.
Im Ergeschoss und im dritten Stock finden wir eine großangelegte Auswahl von Gemälden und Skulpturen des 19. Jh., die mit Van Gogh verbunden werden können, sowie einige Werke von ihm selbst.
Im ersten Stock hängen die bedeutendsten Arbeiten. Der chronologische Aufbau der Ausstellung ermöglicht es dem Besucher, die künstlerische Entwicklung Van Goghs nachzuvollziehen. Es beginnt mit den ersten Erfahrungen in Nuenen (*Die Kartoffelesser*, 1885), dann folgen der Aufenthalt in Antwerpen mit Studium an der Kunstakademie (Portraits und Stadtansichten) und die faszinierende Zeit in Paris (mit 17 Selbstportraits), wo er Maler wie Henri de Toulouse-Lautrec, Paul Signac und Georges Seurat kennenlernte und sich die neue Malweise anzueigen wusste, nicht ohne ihr eine sehr persönliche Handschrift zu geben. Van Gogh kam im sonnendurchglühten Arles bald zu hinreißenden Ergebnissen (*Das gelbe Haus*, 1888; *Das Schlafzimmer*, 1888; *Die Weizenernte*, vielleicht seine schönste Landschaft, 1888). Trotz der fortschreitenden Krankheit konzipierte er in Saint Rémy beunruhigende, aber geniale Gemälde: *Der Schnitter*, 1889; *Blühende Mandelzweige*, 1889; *Die Sonenblumen*, 1889; *Stillleben mit Schwertlilien*, 1890. In Auvers-sur-Oise wurde die Krankheit immer unerträglicher, dort malte er seine letzten Bilder. Der Schatten des bevorstehenden Selbstmordes dringt als heftige Emotion aus diesen Werken hervor: *Weizenfeld mit bewölktem Himmel* und *Krähen über dem Weizenfeld*, beide von 1890.
Im zweiten Stock bietet das Kabinett für Zeichnungen und Drucke Wechselausstellungen von Arbeiten auf Papier. Da das Licht die Briefe und Zeichnungen Van Goghs ausbleichen könnte, werden sie nur sehr selten gezeigt. In diesem Stockwerk gibt es auch Studienräume mit Büchern und audiovisuellen Medien, wo man seine Kenntnisse zur Kunst des 19. Jh. vertiefen kann.

Vincent van Gogh: *Fischerboote am Strand von Saintes-Marie-de-la-Mer* (1888).

Vincent van Gogh:
Das gelbe Haus
(1888).

Vincent van Gogh:
Die Weizenernte
(1888).

Vincent van Gogh:
Krähen über dem Weizenfeld
(1890).

STEDELIJK MUSEUM

Dies ist das Städtische Museum Amsterdams, es enthält eine der wichtigsten Sammlungen moderner und zeitgenössischer Kunst Europas. Der Schwerpunkt liegt auf holländischen und französischen Werken des 19. und 20. Jh. mit so bedeutenden Künstlern wie Cézanne, Monet, Picasso, Matisse, Mondriaan, Malevitch, Chagall und Dubuffet.
Das schöne Backsteingebäude auf der eleganten Paulus Potterstraat, das das Stedelijk Museum beherbergt, wurde zwischen 1893 und 1895 von dem Architekten A. W. Weissmann erbaut und ist ein weiteres Paradebeispiel für die holländische Neorenaissance. Auf seiner Fassade fallen die vielen Nischen ins Auge, in denen sich Statuen der größten Amsterdamer Künstler befinden, darunter Hendrick de Keyser und Jacob van Campen. Das Stedelijk Museum entstand dank der Großzügigkeit der wichtigsten Amsterdamer Kunstsammler: Der Stadtrat entschloss sich, das Museumsgebäude zu bauen, als 1891 Sophia Augusta de Bruyn der Stadt ihre Sammlung vermachte.
In der Anfangszeit waren im Stedelijk-Museum die unterschiedlichsten Kollektionen untergebracht, die Sammlung zur Geschichte des Bogenschießens, das Uhrenmuseum, die Orientalische Kunst und das Museum für Medizingeschichte. Erst als 1952 diese Sammlungen in geeignetere Räumlichkeiten kamen, konnte das Stedelijk Museum aus-schließlich der modernen Kunst gewidmet werden.
Seit Ende 2008 wurde das Stedelijk Museum einer radikalen Umgestaltung unterzogen, in der Absicht, einen repräsentativen Neubau anzufügen und es vorübergehend in ein so genanntes "Museum ohne Mauern" umzuwandeln. Zu diesem Zweck hat man ein innovatives Projekt ins Leben gerufen mit der Bezeichnung *Stedelijk goes to Town* (*Das Stedelijk Museum geht in die*

Stadt), das dazu dienen soll, durch eine Reihe von Workshops, Konferenzen und Präsentationen das Museum als optische, kontinuierliche und lebendige Institution der Stadt aufrecht zu erhalten. Im August 2010 hat das Städtische Museum seine Tore wieder geöffnet mit einem *Temporary Stedelijk* genannten Ausstellungsprogramm, das in dem restaurierten, wenn auch noch nicht fertig gestellten historischen Gebäude zu sehen war. Die offizielle Wiedereröffnung für Publikum fand am 23. September 2012 statt. Im Rahmen der Neugestaltung entstand auch ein 10.000 m^2 großer dynamischer Neubau nach Plänen von Mels Crouwel der Benthem Crouwel Architekten, der zusätzlichen Raum für die berühmten Wechselausstellungen des Stedelijk Museum bieten soll. Dieses innovative architektonische Konzept verändert auch das Gesamtbild des am Museumplein gelegenen Kunstmuseums.

DIE HEINEKEN BROUWERIJ

Das mächtige Ziegelbauwerk in der Stadhouderskade 78 enthielt bis 1988 die Heineken Brouwerij, benannt nach Gerard Adriaan Heineken, der sie 1864 gründete. Heute befindet sich hier das Heineken Reception Center.
Das ganze Jahr über kann man an Führungen durch die ehemalige Fabrik teilnehmen und auch die Pferdeställe besichtigen, in denen immer noch prachtvolle Rosse stehen, die einst dazu dienten, die Brauereiwagen zu ziehen.
Die Besucher erfahren viel über über die Geschichte des Unternehmens und die uralte Kunst des Bierbrauens. Der Rundgang endet mit einer kostenlosen Bierprobe.

Das Äußere der ehemaligen Heineken-Brauerei.

Einige Reliefs mit symbolischen Darstellungen zur Bierbrauerei, die das Innere der Fabrik zieren.

Rechts: ein typischer Brauereiwagen.

DIE AMSTERDAMER DIAMANTEN

Der Begriff Diamant stammt von dem griechischen "adamas", unbesiegbar, ab. Der Diamant ist der Stein der Träume, der Herrscher, der Pharaonen und Kaiser. Er besteht aus reinstem Kohlenstoff (in einer Form, die jeder geologischen Umwälzung widerstanden hat) und kein anderer Edelstein erreicht seinen Ruhm. Amsterdam gilt als die Hauptstadt der Diamanten. Vor über 400 Jahren verzeichnete man zum ersten Mal einen Diamantschleifer in Amsterdam. Von diesem Augenblick an (1584) wurde Amsterdam für den Weltmarkt und die Herrscherhöfe zum Synonym für Diamanten. Alles begann gegen Ende des 16. Jh., als in dem heute zu Belgien gehörenden Antwerpen grausame religiöse Verfolgungen einsetzten. Die Spanier jagten die Diamantschleifer aus der Stadt, die in dem toleranten und liberalen Amsterdam Zuflucht fanden. Dies war nur der erste Schritt eines langen Aufstiegs. Im Jahre 1750 beschäftigte die Diamantenindustrie ungefähr 600 Personen, deren Zahl aber schnell ansteigen sollte. 1867 war das Jahr des "Gold Rush", der Wettlauf nach diesem neuen Gold (den Diamanten) in den Steppen Südafrikas. Amsterdam entwickelte sich zur obligatorischen Durchgangsstation, hier wurden die berühmtesten Diamanten der Geschichte bearbeitet. Den "Cullinan", den größten Diamant der je gefunden wurde (3106 Karat), zerschnitt man in Amsterdam in 105 Steine. Der berühmteste davon, bekannt als der "Stern von Afrika", wiegt 530 Karat und schmückt die englische Königskrone.

1936 fand in Amsterdam die erste Weltmesse für Diamanten statt. Nur 25 Prozent der Steine, die in die holländischen Werkstätten gelangen, werden zu Schmuckstücken verarbeitet. Drei Viertel der Diamanten dienen anderen Zwecken, sie werden für die Herstellung von Präzisionsgeräten, in der Elektronik, für die Raumfahrtindustrie oder im Bergbau verwendet. Nach einer Krise, die auf den Zweiten Weltkrieg folgte, erlebte die Diamantenindustrie einen neuen Aufschwung, heute gibt es in Amsterdam zahlreiche Diamantenschleifereien. In einigen von ihnen kann man bei einem Rundgang die Arbeitsvorgänge beobachten, es besteht kein Kaufzwang. Hier die bekanntesten Adressen: Coster Diamonds (Paulus Potterstraat 2-6), Amsterdam Diamond Center (Rokin 1-5),Gassan (Nieuwe Uilenburgerstraat 173-175), Stoeltie Diamonds (Wagenstraat 13-17).

Das Markenzeichen "Amsterdam Cut" gilt weltweit als Präzisionsgarantie.

Von oben nach unten: Amsterdam Diamond Center, Coster Diamonds und Gassan.

Plantage • Hortus Botanicus • Hollandse Schouwburg • Artis Zoo • Geologisches Museum • Das Planetarium • Das Aquarium • *Die Windmühlen* • De Gooyer-Mühle • Muiderpoort • Entrepotdok

Artis Zoo
•S. 106

Muiderpoort
•S. 110

De Gooyer-Mühle
•S. 110

PLANTAGE

Zum Plantage-Viertel gelangt man auf der Muiderstraat von der portugiesischen Synagoge aus kommend, nachdem man die Nieuwe Herengracht, einen der Seitenkanäle der Amstel überquert hat.
Die "Plantage" trägt diesen Namen nicht zufällig, es war eine grüne Lunge östlich vom Zentrum Amsterdams, die schon im 18. Jh. zur Entspannung diente. Heute handelt es sich um ein herrschaftliches Wohngebiet mit Alleen, Parks und Gärten, aber auch vielen Sehenswürdigkeiten, die wir in der Folge beschreiben. Für lange Zeit wohnten hier die wohlhabenderen Juden, von denen es immer noch zahlreiche Spuren gibt.

HORTUS BOTANICUS

Der Zugang zum Botanischen Garten befindet sich an der Plantage Middenlaan 2A. Seine Einrichtung wurde 1682 beschlossen und von der Expansion des holländischen Kolonialreiches begünstigt. Reisende und Botaniker bereicherten im Laufe der Jahrhunderte den Garten ständig um neue Pflanzen. Aus Ostindien eingeführte tropische Arten wurden im "Hortus" gezüchtet und in die ganze Welt exportiert. Zu Beginn des 18. Jh. gelang es hier zum ersten Mal, die Kaffeepflanze außerhalb von Arabien zu kultivieren.1809 wurde der botanische Be-

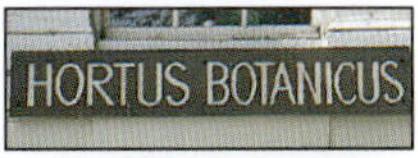

Der Eingang zum Botanischen Garten.

stand auf Anordnung von Louis Bonaparte, dem vorübergehenden König von Holland, erheblich ausgeweitet. 1877 ging die Verwaltung an die Amsterdamer Universität über. Insbesondere zwei Gewächshäuser verdienen einen Besuch, das älteste aus dem Jahr 1813 wurde kürzlich erneuert, es enthält wundervolle Palmen. Das andere ist eine moderne Konstruktion aus Glas und Aluminium (1993) mit tropischen und subtropischen Wüstenpflanzen. Der Botanische Garten beherbergt heute über 2000 Pflanzenarten (Bäume, exotische Blumen, Planzen jeder Art und Heilkräuter).

Man versäume es nicht Amsterdams Hortus Botanicus zu besuchen, wegen seiner zahllosen Pflanzen gilt er als einer der wichtigsten Gärten dieser Art.

Rechts: ein Detail des Gewächshauses mit den Schmetterlingen.

Hollandse Schouwburg - dieses ehemalige Theater wurde in ein Mahnmal zu Ehren der holländischen Juden verwandelt. Eine Säule über einer Basis in der Form des Davidsterns ist den Opfern der Deportation gewidmet.

HOLLANDSE SCHOUWBURG

Dies ist eine Mahnmal zu Ehren der über hunderttausend holländischen Juden, die während des Zweiten Weltkriegs getötet wurden. In dieses Bauwerk, das damals als Theater diente, schloß man vor der Deportation in die Vernichtungslager insgesamt sechzigtausend Juden ein. Nach dem Krieg blieb der Bau bis 1961 unbenutzt, dann entschloss man sich zu seinem Abriss, mit Ausnahme der Fassade und des Foyer. Den ehemaligen Zuschauerraum verwandelte man in einen Garten und auf der einstigen Bühne errichtete man eine schlichte Säule über einer Basis in Form des Davidsterns. Im oberen Stockwerk erinnern Dokumente und audiovisuelle Aufzeichnungen an die Geschichte dieses Theaters und das tragische Geschick der Amsterdamer israelitischen Gemeinde.

ARTIS ZOO

Diese zoologische Anlage gründete 1883 ein Dr. Westerman, Präsident der Vereinigung Natura Artis Magistra (die Natur ist die Meisterin der Kunst). Zunächst handelte es sich nur um einen Studienort für Biologen, erst in der Folge öffnete man ihn teilweise für den allgemeinen Besuch. Zur Artis gehört ein weitläufiger, sorgfältig gepflegter Garten, in dem auch ein Aquarium, ein Planetarium und ein Geologisches Museum stehen. Die Gehege und Käfige für die Tiere sind zuweilen etwas zu klein geraten, befinden sich aber inmitten der Vegetation, die von Gehwegen und Teichen aufgelockert wird. Der Zoo beherbergt eine Unzahl von Säugetieren, Vögeln, Fischen, Amphibien und Reptilien.

GEOLOGISCHES MUSEUM

Dieses Museum ist in einem kürzlich renovierten Gebäude im südöstlichen Teil von Artis untergebracht. Dort gilt auch die für den Zoo erworbene Eintrittskarte.
Interessant ist die Abteilung, die der Evolution der Lebensformen auf unserem Planeten gewidmet ist sowie den Fossilien und Mineralen; selbst die Dinosaurier fehlen nicht.

DAS PLANETARIUM

Gleich links vom Eingang zum Zoo fällt eine große Kuppel ins Auge. Wenn Sie sich für Astronomie begeistern können, sollten Sie nicht die stündliche Projektion auf den gigantischen Bildschirm versäumen. Der Kommentar erfolgt zwar auf Holländisch, doch gibt es auch Erklärungen in anderen Sprachen. Ebenfalls faszinierend sind auch das Ausstellungsmaterial zur Astronomie und der Erforschung des Weltraums, wie z. B. einige Modelle von Raumschiffen.

DAS AQUARIUM

Das hochinteressante Aquarium im Artis befindet sich im ersten Stock eines klassizistischen Bauwerks und wurde 1882 eröffnet. Im Jahr 1997 hat man es vollkommen erneuert und die drei Salzwasserbecken und das eine Süßwasserbecken entsprechen jetzt den modernsten Anforderungen. Diese großen Bassins mit unterschiedlicher Wassertemperatur enthalten hunderte von Fischen und Seegetier aller Art.

Das Planetarium zeichnet sich durch eine gewaltige Kuppel aus.

DIE WINDMÜHLEN

In der Vergangenheit waren die auf dem Lande verstreuten Windmühlen für die holländische Landschaft typisch, wie zahlreiche Gemälde und Stiche ab dem 17. Jh. verraten. Die ersten Mühlen wurden zu Beginn des Mittelalters mit dem Ziel erbaut, die Wind- oder Wasserenergie vor allem zum Kornmahlen zu nutzen. Das windige Klima der holländischen Ebenen begünstigte die Verbreitung der Windmühlen so sehr, dass man sie für die verschiedensten Tätigkeitsbereiche einzusetzte, bevor sie zu Beginn der industriellen Revolution durch Elektro- und Verbrennungsmotoren abgelöst wurden. Die durch die Drehbewegung der Flügel erzeugte Energie wurde zum Zersägen von Baumstämmen eingesetzt, für die Herstellung von Raps- oder Leinöl, zum Schälen von Gerste, zum Mahlen der Gewürze, zur Senfherstellung und für die Fabrikation von Tuchen und Segeln für Schiffe, die über die Ozeane fuhren. Außerdem erwies sich der Beitrag der Mühlen bei der Landgewinnung als äußerst wichtig, bei der Drainage des Wassers und der Austrocknung der großen Wasserflächen. Heute gibt es in den Niederlanden nur noch etwa 1000 Mühlen im Gegensatz zu den 9000 von früher. Dank der Einfühlsamkeit des holländischen Volkes und der Initiative des Staates sind viele dieser Mühlen durch Wartungs- und Restaurierungsmaßnahmen funktionstüchtig geblieben. In Holland gibt es im wesentlichen zwei Arten von Mühlen, Wassermühlen mit Rädern, die von der Wasserkraft in Bewegung gesetzt werden und Windmühlen, die die Energie des Windes ausnützen. Wassermühlen sind nur in den östlichen und südlichen Provinzen der Niederlande verbreitet, wo es Flüsse und Bäche mit ausreichendem Gefälle gibt, um die Mühlenräder in Gang zu setzen. Die meisten dieser Mühlen werden zum Mahlen des Getreides benutzt. Es gibt hingegen viele Arten von Windmühlen, mit verschiedenen Formen und Funktionen. Die Pfeiler-Mühle ist die älteste und war schon im 13. Jh. in Gebrauch.
Die Form dieser Mühle ist eklatant, auf einem vertikalen Holzpfeiler liegt der rechteckige Körper der Mühle auf, der sich frei nach der Richtung des Windes drehen kann. Die Mühle mit hohler Antriebswelle entwickelte sich aus der Pfeiler-Mühle. Der drehbare Körper liegt auf einem Zylinder aus schwerem Holz auf, der im Vergleich zur vorhergehenden Art in einem größeren und höheren pyramidenförmigen Sockel verankert ist. Die Mühlen mit hohler Antriebswelle sind in Südholland und in den Provinzen Utrecht und Brabant sehr gebräuchlich, wo sie vor allen Dingen zum Entwässern der Polder benutzt werden. Die Mühlen für das Weideland sind kleiner als die anderen, sie sind häufig in Nordholland anzutreffen, wo man sie zum Pumpen von Wasser einsetzt. Die "Pfalzrock"-Mühlen sind typisch für die Gegend um Zaan. Sie heißen so, weil Ihr Umriß mit den überstehenden Dächern an einen Damenrock erinnert. Heute existieren nur noch 4 Exemplare dieses Typs, sie wurden früher meist als Sägewerk eingesetzt. Die runden Mühlen aus Mauerwerk gibt es nur dort, wo die Kraft des Windes konstant ist. An ihnen dreht sich gewöhnlich nur die Kugelhaube mit dem Flügelrad nach dem Wind. Diese Art, mit der ebenfalls die Polder entwässert werden, findet man viel in Friesland. Wegen ihrer typischen Form, die an einen Talar erinnert, werden die gemauerten, runden Mühlen volkstümlich die "Mönche" genannt. Die "Galerie"-Mühlen kommen dort zum Einsatz, wo man sie anheben muss, weil Hindernisse wie Bäume oder hohe Gebäude den freien Fluß des Windes aufhalten. Diese Mühlen erkennt man an einem rundum geführten Laufgang, der genügend hoch angebracht ist, um Einfluß auf die Flügel nehmen zu können. Die Anhöhen-Mühlen sind den Galerie-Mühlen ähnlich, nur dass sie auf einem künstlichen Erdhügel stehen, statt auf Mauerwerk. Die Turm-Mühlen mit einem zylindrischen Baukörper aus Stein sind wenig verbreitet, ihre Einführung erfolgte in der Zeit. Die Mühlenart ùit drebarer Kugelhaube kann sowohl aus Holz als auch aus Stein sein und hat eine sechseckige, achteckige oder runde Form. Manchmal trifft man auch auf Mühlen, die in Gruppen aufgestellt sind. Das ist dort vonnöten, wo eine einzige Mühle nicht ausreicht, um den Unterschied des Wasserstandes zwischen dem Polder und dem es umgebenden Sammelkanals auszugleichen. Um Abhilfe zu schaffen, werden mehrere Mühlen in einer Reihe aufgestellt und jede

bringt das Wasser in einem Stufensystem auf eine bestimmte Höhe, bis der Höchststand des Sammelkanals erreicht ist. Das gemeinsame Element der einzelnen Windmühlentypen ist der innere Mechanismus, der im wesentlichen identisch ist. Die Flügel, die vom Wind bewegt werden, sind an einer Querwelle angebracht, die die Bewegung durch das obere Rad, das in eine Zahnradscheibe auf der Hauptwelle greift, auf die senkrechte Hauptwelle, überträgt. Am Fuß der Hauptwelle überträgt ein System von Scheiben und Räderwerken die Bewegung an die verschiedenen Maschinen, die sich im unteren Teil der Mühle befinden. Damit sich die Flügel bewegen, müssen sie zum Wind hin ausgerichtet sein, was bei den Mühlen mit Winde dank eines äußerlichen Drehwerks erfolgt und bei den Kugelhauben-Mühlen durch ein inneres Drehwerk. Die Oberfläche der Flügelschaufeln wird je nach Windgeschwindigkeit und -stärke reguliert.

Legende

1. **Querwelle**
2. **Oberes Rad**
3. **Hauptwelle**
4. **Unteres Rad**
5. **Scheibe**
6. **Welle der Ölpresse**
7. **Welle der Mahlanlage**

Mahlanlage.

Ölpresse

DE GOOYER-MÜHLE

Die noch auf dem Stadtgebiet erhaltenen Windmühlen kann man an einer Hand abzählen und die Windmühle De Gooyer steht am nächsten zum Zentrum Amsterdams im östlichen Teil der Plantage in der Funenkade. Doch ist dies nicht der ursprüngliche Standort, in der Tat baute man die Mühle um 1725 etwas weiter südlich. Als fast ein Jahrhundert später eine Kaserne den Durchzug des Windes behinderte, entschloss man sich, alle Teile zu demontieren und sie in der Funkenkade wieder zusammenzusetzen. Es handelte sich um eine für die damalige Zeit sehr moderne Getreidemühle mit aerodynamischen Flügeln. Als die Mühle in den zwanziger Jahren des vorigen Jahrhunderts auseinanderzufallen drohte, kaufte sie die Stadtverwaltung und ließ sie vollständig restaurieren.
In den Gebäuden neben der Mühle (Hausnummer 7) befindet sich eine kleine Bierbrauerei, deren Bier man in der Mühle kosten kann.

MUIDERPOORT

Durch dieses Stadttor zog Napoleon 1811 in Amsterdam ein.
Es erhebt sich auf dem Alexanderplein im nordöstlichen Teil der Plantage. Cornelis Rauws nahm 1770 an der Gebäudestruktur vom Jahrhundertbeginn tiefgreifende Veränderungen vor. Das Tor wird von einer Kuppel bekrönt, über der sich ein Uhrturm erhebt. In der Mitte des Giebelfeldes erscheint das Wappen der Stadt Amsterdam.

Die De Gooyer-Mühle - eine der letzten Windmühlen, die es noch auf dem Stadtgebiet gibt.

Muiderpoort - dies ist das Stadttor, durch das Napoleon 1811 in Amsterdam einzog.

ENTREPOTDOK

Während der 80er Jahre des 20. Jh. wurden an diesem Kanal ausgedehnte Umbauten vorgenommen. Hier standen mehr als achtzig Speicherhäuser, die eine Reihe von 500 m Länge bildeten. Sie dienten zwischen 1708 und 1829 der VOC, der holländischen Ostindienkompanie als Lagerhäuser. Bis in die Mitte des 19. Jh. handelte es sich um die größte Speicheranlage Europas.
Heute hat man sie in Büroräume, Cafés, Restaurants und begehrte Wohnungen verwandelt.
Einige dieser Magazine behielten die ursprünglichen Fassaden, im Inneren erfuhren sie jedoch radikale Eingriffe. Auch hat man anheimelnde Innenhöfe geöffnet.
Längs des Kanals mit seinen Hausbooten in leuchtenden Farben reihen sich Straßencafés und Restaurants.

Entrepotdok - die alten Speicher sind heute Prestigeobjekte mit exklusiven Wohnungen oder Büroräumen.

DIE KANÄLE

Man müßte über Amsterdam fliegen oder ständig einen Stadtplan in der Hand halten. Nur so wird einem das außergewöhnliche Netz von Kanälen und die Unmenge von Wasserwegen verständlich, die die holländische Hauptstadt zum Venedig des Nordens werden ließen, nur so böte sie einen Gesamteindruck ihrer überwältigenden Pracht.
Man sagt, eine Kanalrundfahrt sei die beste Art Amsterdam kennenzulernen, da sie eine erste Einführung in die Entwicklungsgeschichte der Stadt bietet. Amsterdam breitet sich in Halbkreisform von seinem Zentrum, der künstlichen Insel, auf der sich der Bahnhof befindet, in Richtung des im Laufe der Jahrhunderte durch Eindämmungen gewonnenen und geschützten Landes aus.
Ein Ausflug in einem der verglasten Besichtigungsboote erlaubt es, ein anderes Geheimnis dieser Stadt zu entdecken. Amsterdam ist keine imperiale Stadt, die von

Auf diesen Seiten: einige Hausboote längs der Kanäle und oben rechts der Lastkahn der Pazifisten auf dem Singel.

auspruchsvollen und ehrgeizigen Herrschern geplant wurde. In Amsterdam wurde Haus um Haus, Palais um Palais, von reichen Bürgern als aufgeklärten Liebhabern des Schönen mit viel Geschmack und einer Vorliebe für Details und Feinheiten errichtet. Amsterdam ist eine Stadt der Händler und Kaufleute, aber auch eine Stadt ohne überflüssige Prahlerei. Hier hat der Kapitalismus seine ersten Schritte gemacht, seine ersten Proben bestanden. Es war ein nahezu perfekter Kapitalismus, voller Vernunft und Toleranz, durch seinen Mangel an Fehlern fast schon wieder langweilig. Aber er hinterließ uns eine außergewöhnliche Stadt, ein geordnetes, privilegiertes Stückchen Erde, das sich in seinen malerischen Kanälen spiegelt. Die Kanalgürtel sind eines der urbanistischen Wunder Amsterdams und ein Verdienst des großen Architekten Staets und des Bürgermeisters Oetgens. Sie waren es, die die erste große Stadterweiterung planten und durchführten, hinaus über den befestigten, beschützenden Streifen an der **Singelgracht**, die zum innersten Kanal werden sollte. Man stand am Beginn des "goldenen Zeitalters", aber die Größe und Macht Amsterdams war bereits offensichtlich. Die Stadt sprengte ihre Mauern und breitete sich jenseits der Singelgracht aus. Man schrieb das Jahr 1613 und Amsterdam wuchs im Rhythmus seiner wirtschaflichen Expansion. Um die äußere Zone der **Prinsengracht** und der **Lijnbaansgracht** zu urbanisieren, brauchte man nicht länger als ein paar Jahrzehnte, nur bis 1658 zu warten. Die Kanäle erläutern auch die soziale Geschichte der Stadt, sie verdeutlichen die Karte der einzelnen Stadtviertel. Der Kanal, an dem man wohnte, war auch ein persönliches Aushängeschild, so setzte in der Bürgerschaft ein Streben nach dem Schönen, nach Bereicherung und nach Prestige ein. Die Reichsten und Elegantesten wählten die **Herengracht** mit ihren erlesenen barocken Fassa-

den. Die Neureichen, die schnell in der Hierarchie der besseren Gesellschaft aufgestiegen waren, errichteten hingegen ihre Häuser an der **Keizersgracht**, dem "Kanal des Kaisers". Wer am Singel oder an der Prinsengracht, dem äußersten Kanal, wohnte, hatte keine Zeit für den Prunk. Dort lebten die geschäftigsten unter den Kaufleuten, die schlichtesten unter den Neureichen, deren Häuser der Spiegel ihrer rastlosen Aktivität waren.
Heute sind die Kanäle eng mit den außergewöhnlichen Aspekten Amsterdams verknüpft, ein Monument im Monument. 75.000 Bäume beschatten diese städtischen Flüsse, 7.000 Häuser stehen dort unter Denkmalschutz, 1.000 Brücken verbinden Ufer mit Ufer und Insel mit Insel. 85 km lange Gewässer werden von einem Schleusensystem reguliert, das den korrekten Wasserfluß sichert. Aber es sind auch regelrechte Wasserwege, die Stadtreinigung benutzt zum Beispiel zum Einsammeln der Abfälle breite Kähne, die langsam durch die Kanäle fahren. Die Kanäle dienen auch als Wohnorte, während einer Kanalrundfahrt oder von den Kais aus bemerkt man zahllose Boote, die in Wohungen umgewandelt wurden. Es handelt sich um die berühmten **Hausboote**, von denen es, wie die letzte Zählung ergeben hat, mehr als 2.000 gibt, davon die Hälfte ohne Genehmigung. In doppelten oder dreifachen Reihen festgemacht, ohne die Absicht, jemals wieder den Anker zu lichten. Sie entstanden als Notunterkünfte nach dem deutschen Luftangriffen von 1940. Inzwischen sind die Hausboote ein fester Bestandteil des Stadtbildes von Amsterdam. Sie wurden mit Blumen, Pflanzen und Bäumen prächtig dekoriert, mit lebhaften Mustern und nett bestickten Gardinen, fast wie Puppenhäuser. Einige sind luxuriös ausgestattet, andere von Wohngemeinschaften besetzt und wieder andere ähneln einer Badewanne. Sie sind allesamt eine Reaktion auf die große Wohnungsnot in Amsterdam. Unumgänglich ist, wie schon gesagt, die Rundfahrt durch die Kanäle. Die großen Boote mit Glasverdachung fahren in einer Stunde die wichtigsten Sehenswürdigkeiten Amsterdams ab. Es werden auch Sonderfahrten angeboten, ein dreieinhalbstündiger Ausflug oder eine Nachtfahrt bei Kerzenlicht. Die größten Gesellschaften und die meisten Anlegestellen wird man in der Nähe des Bahnhofs auf dem Damrak entdecken. Andere befinden sich hinter dem Leidseplein oder auf dem Rokin in der Nähe des Muntplein. In den letzten Jahren hat sich auch das "Grachtenfiets" eingebürgert, man mietet sich ein Tretboot und streunt damit durch die Kanäle, nicht ohne die Ruhe der Hausbootbewohner zu stören.

DIE SINGELGRACHT

Dies ist der innerste Kanal Amsterdams, der engste Kreis im Halbmond der Kanäle. Sein Name bedeutet Ring, Gürtel und er war die Grenze des mittelalterlichen Stadtkerns, der um den Dam herum entstand und sich in Richtung Walletjes ausbreitete. Die Singelgracht war vor 1600 nichts anderes als ein Festungsgraben, der die Stadtmauer (die sich auf der Seite befand, wo man heute die Häuser mit den ungeraden Nummern stehen) von den Gärten und Wiesen der unmittelbaren Umgebung trennte. Als die Stadt den Graben hinter sich ließ, verlor die Stadtmauer jede Bedeutung, man baute die Häuser direkt am Singelufer.
Nr. 7 ist wohl das seltsamste Haus der Stadt, nicht breiter als seine Tür! Ein echter Rekord und ein geschickter Trick um hohe Steuern zu vermeiden. Tatsächlich wurden die Grundbesitzsteuern nach dem Raum, den die Häuser an der Straße oder an den Kanälen einnahmen, berechnet. Deshalb bemühten sich die Eigentümer, in die Höhe statt in die Breite zu bauen.
Bei **Nr. 19-21** findet man ein besonderes Haus, dessen Mittelteil 1760 in ein Warenlager umgewandelt wurde. **Nr. 66-68** sind Zwillingshäuser aus dem 18. Jh., **Nr. 104-106** weitere Zwillingshäuser mit einem prächtig geschmückten Giebel in Glockenform. **Nr. 140-142** ist ein von Hendrick de Keyser, einem der berühmtesten Architekten Amsterdams, entworfenes Haus. Hier lebte von 1605 bis 1655 ein Haupt-

Singelgracht - die Nr. 7 ist Amsterdams schmalstes Haus, die Nr. 104-106 entspricht Zwillingshäusern.

Die Singelgracht - oben, links und unten: das Haus Nr. 140-142 von Hendrick de Keyser entworfen. Unten rechts: das 1606 erbaute Haus Nr. 423.

mann der Bürgerwehr, Frans Banning Cocq, der von Rembrandt in seinem berühmtesten Bild *Die Nachtwache* an der Spitze seiner Milizkompanie verewigt wurde. Schließlich befindet sich noch die **Universität** (siehe S. 44) an der Singelgracht und auf dem letzten Abschnitt, kurz vor dem Muntplein, der schwimmende **Blumenmarkt** (siehe S. 71).

Die Herengracht - von links: Nr. 43-45, zwei der typischen Speicher nach der Restaurierung; das Theatermuseum Nr. 168 und nebenan das Bartolotti-Haus. Unten: das Van Brienenhuis (Nr. 284) und das Haus Nr. 314.

DIE HERENGRACHT

Dies war der Kanal der Vornehmen, der Herrenkanal, er wurde nach 1612 angelegt, als die Stadt unaufhörlich weiterwuchs. Die reichsten und aufgeklärtesten Kaufleute ließen sich an dieser Gracht nieder und wetteiferten darin, das schönste, größte und eindrucksvollste Haus zu bauen. An diesem Kanal gibt es die herrlichsten Fassaden mit auserlesenen Wappen und kühnen Giebeln. Über 400 Häuser der Herengracht stehen unter Denkmalschutz. Zum großen Teil sind sie zu kostspielig für Privatleute und werden von Banken und Büros genutzt. Die Herengracht verbindet die Amstel im Südosten mit der Brouwersgracht im Norden. Zwei vor wenigen Jahren restaurierte Speicher, **Nr. 43-45**, gelten als die ältesten Gebäude am Kanal. Das Haus **Nr. 115** wurde von dem berühmten Architekten H. P. Berlage errichtet. Das klassizisti-

Die Herengracht - einige elegante Gebäude mit den Hausnummern zwischen 338 und 370. In der Mitte: das Haus Nr. 475; unten: das Haus Nr. 527, in dem u.a. auch Zar Peter der Große wohnte.

sche Gebäude **Nr. 168** nennt sich **weißes Haus** und wurde 1638 von Vingboons gebaut, dort befindet sich das **Theatermuseum**, von dem ein Flügel zu dem benachbarten **Haus Bartolotti** gehört (Nr. 170-172), das 1622 Hendrick de Keyser in rotem Backstein für den Brauereibesitzer Willem van den Heuvel baute. Letzterer braute nicht nur Bier, sondern wurde auch Eigentümer der Bartolotti-Bank, von der er sogar den Namen übernahm. Das Haus Nr. 284, das **Van Brienenhuis,** ist von der Hendrick de Keyser-Stiftung übernommen worden. Es wurde 1720 für den Hugenotten Frédéric Blanchard erbaut. Die Familie van Brienen überließ es 1933 (nachdem es fast 100 Jahre leergestanden hatte) der Stiftung, die sich die Rettung der Paläste Amsterdams zum Ziel gesetzt hat. An der **Nr. 314** findet man ein Haus von 1720, das Nicolas Roswinckel gehörte, der auch Bürgermeister von Moskau war. Zwischen der **Nr. 338** und der **Nr. 370** prangen einige der schönsten Häuser der Herengracht, die zwischen 1650 und 1725 erbaut wurden. Die Nr. 336 beherbergt das **Bibelmuseum.**
Die **Nr. 475** ist einer der Juwelen der Herengracht, es wird als das schönste Haus des Kanals bezeichnet. Zwischen 1668 und 1672 erbaute es der reiche Kaufmann Denys Nuyst. Es ist ein großes Haus mit fünf Fenstern pro Stockwerk. Im Jahre 1731 veranlaßte die Witwe eines reichen Stoffhändlers, Petronella van Lennep, einige wichtige Änderungen am Haus. Sie ließ die Fassade von Daniel Marot dekorieren, während der Bildhauer Ignatius van Logterens zwei weibli-

che Figuren für die beiden Flanken des Hauptfensters schuf. Die **Nr. 502** ist ein großes Haus, das 1679 für den Kaufmann Paul Godin gebaut wurde. Seit 1927 diente es als die offizielle Residenz des Bürgermeisters von Amsterdam. Das Haus **Nr. 527**, im Jahr 1667 errichtet, hat eine skurrile Geschichte. Hier wohnte, während seines langen Besuches in Holland, der Zar Peter der Große. Er hinterließ das Haus in einem so schrecklichen Zustand, dass der Besitzer, anstatt es zu renovieren, sich entschloss, es zu verkaufen. Aber die Reihe der illustren Gäste war noch nicht beendet, 1808 beherbergte das Haus den König von Holland, Louis Bonaparte, bevor dieser in das Königliche Palais am Dam zog. Um die lange Reise durch die Herengracht zu beenden, sei nochmals das hervorragende Haus Nr. 605 erwähnt, das **Museum Willet-Holthuysen** (siehe S. 77), das vollendete Beispiel einer großbürgerlichen Residenz des 19. Jh.

DIE KEIZERSGRACHT

Der "Kanal des Kaisers" heißt nach Maximilian I., dem Herrscher des Heiligen Römischen Reiches. Die Keizersgracht verbindet die Amstel auf der Höhe der berühmten hölzernen Zugbrücke, der **Magere Brug** (siehe S. 76) mit der Brouwersgracht. Die Häuser sind nicht so überwältigend wie die der parallelen Herengracht, sie entfalten aber dennoch ihren zauberhaften Charme und einige sind erstrangige Meisterwerke der Architektur. Der interessanteste Abschnitt des Kanals verläuft zwischen dem Westermarkt, dem Platz der Westerkerk und der Vijzelstraat. Im 19. Jh. war es Sitte, nach dem sonntäglichen Kirchgang in Feiertagskleidern an diesem Teil des Kanals spazierenzugehen.

Die Nr. 123 ist eines der berühmtesten Häuser Amsterdams, das **Huis met de Hoofden**, das "Haus mit den Köpfen", 1622 von Pieter de Keyser erbaut. Das Haus mit den Köpfen ist ein klassisches Beispiel der holländischen Renaissance. Im Jahr 1643 wohnte hier der "Eisenkönig", Louis de Geer, der steinreiche Besitzer umfangreicher Eisenerzvorkommen in Schweden. Die Fassade ist mit sechs klassischen Büsten geschmückt.

Es wird behauptet, es gäbe noch eine siebte, eine weibliche Büste. Die Legende berichtet, dass ein reicher Kaufmann unter seinem Personal ein taubes Hausmädchen hatte. Eines Tages, als sie allein im Hause war, versuchten sechs Diebe einzudringen, aber dem stummen, sehr robust gebauten Mädchen gelang es, sie zu verjagen. Die sechs Figuren an der Hausfront sollen die erfolglosen Diebe darstellen.

Die Keizersgracht - das Huis met de Hoofden, Nr. 123, in holländischem Renaissancestil, gilt als eines der schönsten von Amsterdam.

Das Van Loon-Museum in der Keizersgracht 672.

Nr. 546 ist ein schönes Haus mit einem glockenförmigen Giebel im Stil Louis XV. Ein weiteres berühmtes Palais, **Nr. 672**, wurde 1671 auf Betreiben von Adriaan Dorstmans erbaut. Es hat eine klassische Fassade, die von einer steinernen Balustrade bekrönt wird. Der erste Eigentümer dieses Hauses war der Maler Ferdinand Bol. Dieses luxuriöse Haus besaßen nacheinander einige der einflussreichsten Familien Amsterdams, die Trip, die Bas, die Van Hagen und die La Fargue. Alles reiche Kaufmannsfamilien mit einem Hang zur Kunst. 1884 wurde es von der Familie Van Loon gekauft und seit 1973 ist es der Sitz der gleichnamigen Stiftung und des **Van Loon-Museums.**

DIE PRINSENGRACHT

Dies ist der volkstümlichste der vier Hauptkanäle Amsterdams, er bildet den äußersten Ring des Halbkreises, liegt also am äußeren Rand des Amsterdamer Zentrums. Ein langer Abschnitt säumt den Jordaan, das schönste Viertel der Stadt. Die Nr. 36 ist ein im Renaissancestil gebautes Haus von 1650 mit einem Wappen, das einen Sack Federn abbildet, das **De Veersack**. Gegenüber, am anderen Ufer, eine Reihe **alter Lagerhäuser** (von Nr. 187 bis Nr. 217).
An der Prinsengracht steht auch das **Anne Frank-Haus**, das in ein Museum umgewandelt wurde (Nr. 263, siehe S. 20). Neben dem Anne Frank-Haus erhebt sich der Glockenturm der Westerkerk, eines der Wahrzeichen Amsterdams (siehe S. 19).
Der Amsterdamer **Justizpalast** ist die Nr. 436 der Prinsengracht. Hier hat das Berufungsgericht seinen Sitz.

DER HAFEN

Eine Kanalrundfahrt endet gewöhnlich mit einem kurzen Abstecher in den gewaltigen Amsterdamer Hafen.
Er ist einer der bedeutendsten Häfen der Welt, trotz seiner jahrhundertelangen Rivalität mit Rotterdam. Amsterdam hatte beispiellose geographische Schwierigkeiten zu überwunden, denn der Hafen liegt 19 km vom offenen Meer entfernt.
Bis zum 17. Jh. erreichten die großen Segelschiffe der Handelsflotte die Nordsee durch die breiten Arme der Zuiderzee. Die fortschreitende Versandung der Bucht erschwerte jedoch die Navigation und schließlich drohte das Ende. 1818 hob man daher den **Hollandkanal** aus. Aber schon bald erwies sich auch dieses Werk als nicht mehr ausreichend für die Bedürfnisse des großen Hafens und man plante einen direkten Kanal zwischen dem Zentrum des Hafens und der Nordsee. Im Jahr 1872 begann man den 18 km langen **Nordseekanal** zu graben, der vier Jahre später fertiggestellt wurde. Zu seiner Zeit war er eines der größten, jemals realisierten Werke des Wasserbaus. Amsterdam konnte den Wettkampf mit Rotterdam wieder aufnehmen und öffnete seine Kais für die Handelsschiffahrt.

EYE, das neue Filmmuseum mit dem alten Shell-Tower im Hafengelände (rechts).

Der Amsterdamer Hafen und sein Verbindungskanal sind vor den Gezeiten geschützt, die großen Schiffe, die in Amsterdam ankommen, können ohne Schlepper einlaufen. Das ganze Hafenareal wurde dem Meer abgetrotzt und die Kais (Gesamtlänge 40 km) erstrecken sich auf künstlichen Inseln. Der Hauptbahnhof (auch auf einer künstlichen Insel) bildet eine Art Scharnier zwischen dem östlichen und dem westlichen Hafenteil. Daneben steht das **Havengebouw**, ein Gebäude mit 13 Stockwerken, 1960 vom Architekten Dudok gebaut, in ihm sind die Büros der Hafenverwaltung untergebracht. Vom obersten Stockwerk des Hochhauses kann man das Panorama des Hafens bewundern. Hier kommen jedes Jahr 6500 Schiffe mit einer Gesamtwarenmenge von 20 Millionen Tonnen an.

EYE, DAS FILMMUSEUM

EYE, das neue Filmmuseum von Amsterdam, liegt im Stadtteil Overhoeks. Das 1952 gegründete, frühere Filmmuseum war bis 1975 in dem historischen Vondelparkpaviljoen untergebracht, der mit der Zeit jedoch für diesen Zweck zu klein geworden war. 2009 sprach man sich für das Projekt eines neuen futuristischen Museumsgebäudes am Nordufer der Amsterdamer IJ-Promenade aus. Das österreichische Architekturbüro Delugan Meissl Associated Architects erstellte den Entwurf für den Neubau, der am 4. April 2012 von Königin Beatrix offiziell eingeweiht wurde. EYE ist ein würdiger Sitz für die Bewahrung eines für die jungen Generationen wertvollen Erbes, das sowohl aus holländischen als auch in den Niederlanden entstandenen, ausländischen Filmen besteht. Die Museumssammlung umfasst 46.000 Filme, 35.000 Plakate und 450.000 Fotos. Die ältesten Dokumente gehen sogar auf die Anfänge der Filmindustrie in Holland im Jahr 1895 zurück. Das EYE Filmmuseum verfügt über 1200 m² Ausstellungsraum für Filme und visuelle Künste, 4 Kinos mit insgesamt 640 Plätzen, ein Souterrain mit einer ständigen Sammlung, ein freundliches EYE-Café-Restaurant und ein Spezialgeschäft.

EYE, das Filmmuseum.

Werf 't Kromhout Museum - diese alte Werft enthält ein kleines Museum zur Geschichte des Schiffbaus und der Geschichte der Werft selbst. Unten, der renovierte Hof der Scheepvaartmuseum.

WERF 'T KROMHOUT MUSEUM

Die Werft, in der dieses kleine Museum untergebracht wurde, nahm ihre Tätigkeit in der Mitte des 18. Jh. auf. Im Lauf der Zeit wurden die Schiffe immer größer und die Arbeit der Werft schrumpfte. Heute wird sie nur noch für die Erneuerung von Booten verwendet. Das Museum, welches inbesondere von Experten, die mit dem Schiffsbau vertraut sind, sehr hoch eingeschätzt wird, besitzt auch eine Sammlung von Schiffsmotoren für die Schiffe aus der Werkstatt Kromhut.

NEDERLANDS SCHEEPVAARTMUSEUM

Das Nationale Seefahrtmuseum ist eines der größten Schifffahrtmuseen der Welt und umreißt die ruhmreiche Geschichte der holländischen Seefahrt vom 17. Jahrhundert bis in unsere Tage anhand zahlreicher Exponate im Zusammenhang mit der Schifffahrt und dem Seehandel. Das imposante dreistöckige Gebäude – ein altes Lagerhaus, das als *'s Lands Zeemagazijn* oder *Admiraliteits Magazijn* bekannt war – wurde von Daniël Stalpaert entworfen und war 1656 fertig gestellt. 1973 wurde das Museum in dieses Gebäude verlegt. Nach umfangreichen Renovierungsar-

beiten in den Jahren 2007 bis 2011 konnte das Scheepvaartsmuseum am 2. Oktober 2011 wieder eröffnet werden. Atlanten, Drucke, Seekarten, Globen, Instrumente und Schiffsausrüstungen, Bilder, Galionsfiguren sowie eine Sammlung mit 500 Schiffs- und Bootsmodellen bieten dem Besucher eine breit gefächerte Dokumentation über die Militär- und Handelsmarine wie auch über die Fischerei der Niederlande. Die Gemälde zeigen Porträts von berühmten Offizieren der holländischen Marine, wie Michiel de Ruyter, und eindrucksvolle historische Seeschlachten. Die Kartensammlung umfasst Arbeiten von namhaften Kartografen des 17. Jahrhunderts wie Willem Blaeu und seinem Sohn Joan Blaeu. Das Museum besitzt auch eine zum Glück erhaltene Kopie der Erstausgabe des Werkes von Maximilianus Transylvanus, *De Moluccis Insulis*; es ist das erste Werk, das die Reise von Ferdinando Magellano um die Welt beschreibt. Interaktive Darstellungen geben den Besuchern die Möglichkeit, nahezu 500 Jahre Seefahrtgeschichte zu erkunden und nachzuvollziehen. Das Scheepvaartmuseum bietet außerdem Sonderausstellungen für Kinder. Vor dem Museum liegt die *Amster-*

dam, eine Galeone des 18. Jahrhunderts, vor Anker. Es handelt sich um ein nachgebautes Schiff aus den Jahren 1985-1990.

NEMO

In der Nähe des Scheepvaartmuseum (Schifffahrtsmuseum) befindet sich das NEMO, das größte Museum für Wissenschaft und Technik in ganz Holland, ein imposantes futuristisches Gebäude in Schiffsform, das von Renzo Piano entworfen wurde. Mit seinen fünf Stockwerken, angefüllt mit Dingen zum Ausprobieren und Entdecken, ist dies der ideale Ort für alle neugierigen Besucher mit Forschergeist. Alles im NEMO hat mit Wissenschaft und Technik zu tun: Ausstellungen, Theateraufführungen, Filme, Labors und praktische Versuche. Erwachsene und Kinder können hier nach Lust und Laune an interaktiven wissenschaftlichen Experimenten teilnehmen, mit riesigen Seifenblasen spielen, im *Wonder Lab* arbeiten, das einem richtigen Chemielabor nachgebaut ist, und sich auf zahllose "wissenschaftliche Emotionen" einlassen. Mit anderen Worten, ein Tag im NEMO ist ein fantastisches Erlebnis! Und vergessen Sie nicht, auf das Museumsdach zu steigen und den zauberhaften Blick über die Stadt und den alten Hafen zu genießen. Auf dem Dach des NEMO ist außerdem ein großes Panoramafoto zu sehen, das *Roof Panorama* des Amsterdamer Fotografen Paul Fennis; es zeigt den Museumsbesuchern die architektonischen Highlights von Amsterdam in Bild und Wort.

Links, vor dem Museum liegt die *Amsterdam*, eine Galeone, vor Anker. Unten, das NEMO.

AMSTERDAM
DIE
MUSEUMSSTADT

In Amsterdam sind die Museen normalerweise werktags von 10 bis 17 Uhr geöffnet, an Feiertagen von 13 bis 17 Uhr. Gewöhnlich sind sie am Montag und an Festtagen geschlossen. Vor der Planung eines Besuches wende man sich an das AUB (Amsterdams Uitburo) am Leidseplein. Das Büro ist täglich von 9 bis 19 Uhr geöffnet, am Donnerstag bis 21 Uhr. Für Informationen und Vorbestellungen kann man täglich von 9 bis 21 Uhr anrufen. Hier folgt die Ausstellung der wichtigsten Museen und Bauwerke.

ALLARD PIERSON MUSEUM
Oude Turfmarkt 127
(siehe S. 45).

AMSTELKRING MUSEUM (ONS'LIEVE HEER OP SOLDER)
Oudezijds Voorburgwal 40
(siehe S. 36).

AMSTERDAMS TULPEN MUSEUM
Prinsengracht 116

AMSTERDAMS HISTORISCH MUSEUM
Kalverstraat 92
(siehe S. 64).

ANNE FRANKHUIS
Prinsengracht 263
(siehe S. 20).

DE APPEL STICHTING
Prins Hendrikkade 142
Zentrum für zeitgenössische Kunst.

AQUARIUM
Plantage Kerklaan 40
(siehe S. 107).

ARCAM - Amsterdam
Prins Hendrikkade 600
Zentrum für Architektur.

ARTIS AMSTERDAM ZOO
Plantage Kerklaan 38-40
(siehe S. 106).

BEURS VAN BERLAGE MUSEUM
Damrak 243
(siehe S. 31).

BIJBELSMUSEUM
Herengracht 366-368
Biblische Archäologie.

EYE FILM INSTITUTE NETHERLANDS
IJpromenade 1
(siehe S. 122).

GEOLOGISCH MUSEUM
Plantage Kerklaan 38
(siehe S. 106).

HASH MARIHUANA & HEMP MUSEUM
Oudezijds Achterburgwal 148
Achttausend Jahre indischer Hanf.

HERMITAGE AMSTERDAM
Amstel 51
(siehe S. 78).

HOLLANDSE SCHOUWBURG
Plantage Middenlaan 24
(siehe S. 105).

HORTUS BOTANICUS
Plantage Middenlaan 2A
(siehe S. 103).

HOUSEBOAT MUSEUM
Prinsengracht 296

JOODS HISTORISCH MUSEUM
Jonas Daniël Meijerplein 2-4
(siehe S. 61).

KIT TROPENMUSEUM
Linnaeusstraat 2
Ausstellungen zum Leben in den Tropen.

KONINKLIJK PALEIS
Dam
(siehe S. 12).

MADAME TUSSAUD SCENERAMA
Dam 20
(siehe S. 15).

NEDERLANDS SCHEEPVAARTMUSEUM
Kattenburgerplein 1
(siehe S. 123).

NEMO
Oosterdok 2
(siehe S. 125).

PETER STUYVESANT STICHTING
De Boelelaan 21
Ausstellungen von modernen Gemälden und Skulpturen.

PLANETARIUM
Plantage Kerklaan 40
(siehe S. 107).

REMBRANDTHUIS
Jodenbreestraat 4
(siehe S. 54).

RIJKSMUSEUM
Museumstraat 1
(siehe S. 90).

SEXMUSEUM
Damrak 18
Museum der Sexualität
(siehe S. 31).

STEDELIJK MUSEUM
Paulus Potterstraat 13
(siehe S. 98).

THEATERMUSEUM
Herengracht 168
Geschichte des holländischen Theaters
(siehe S. 118).

UNIVERSITEITSMUSEUM (DE AGNIETENKAPEL)
Oudezijds Voorburgwal 231
Geschichte der Universität Amsterdams und des Studentenlebens - in der gotischen Kapelle von 1470.

VAN GOGH MUSEUM
Paulus Potterstraat 7
(siehe S. 94).

VAN LOON MUSEUM
Keizersgracht 672
Die private Familiensammlung in der herrschaftlichen Residenz des 17. Jh.
(siehe S. 120).

WERF 'T KROMHOUT MUSEUM
Hoogte Kadijk 147
(siehe S. 123).

WILLET-HOLTHUYSEN MUSEUM
Herengracht 605
(siehe S. 77).

INHALT